中华优秀传统文化传承创新研究

ZHONGHUA YOUXIU
CHUANTONG WENHUA CHUANCHENG
CHUANGXIN YANJIU

王淑贞 著

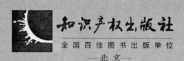

知识产权出版社

全国百佳图书出版单位

—— 北 京 ——

图书在版编目（CIP）数据

中华优秀传统文化传承创新研究 / 王淑贞著. — 北京：知识产权出版社，2024.1
ISBN 978-7-5130-9286-9

Ⅰ.①中… Ⅱ.①王… Ⅲ.①中华文化—研究 Ⅳ.①K203

中国国家版本馆 CIP 数据核字（2024）第 030664 号

内容提要

本书以儒、道、墨、法四家为主，在介绍其思想学说的同时追溯其发展历程及在历史上的作用，并结合新时代我国社会的发展，探讨了优秀传统文化的传承、创新问题。

本书可供相关专业学生阅读。

责任编辑：阴海燕   责任印制：孙婷婷

中华优秀传统文化传承创新研究
ZHONGHUA YOUXIU CHUANTONG WENHUA CHUANCHENG CHUANGXIN
YANJIU

王淑贞 著

出版发行：知识产权出版社有限责任公司	网　　址：http://www.ipph.cn
电　　话：010—82004826	http://www.laichushu.com
社　　址：北京市海淀区气象路50号院	邮　　编：100081
责编电话：010—82000860转8693	责编邮箱：laichushu@cnipr.com
发行电话：010—82000860转8101	发行传真：010—82000893
印　　刷：北京中献拓方科技发展有限公司	经　　销：新华书店、各大网上书店及相关专业书店
开　　本：720mm×1000mm　1/16	印　　张：8.5
版　　次：2024年1月第1版	印　　次：2024年1月第1次印刷
字　　数：130千字	定　　价：48.00元

ISBN 978-7-5130-9286-9

前　言

作为世界上历史最悠久的文化之一，中华优秀传统文化蕴含着丰富的哲学思想、人文精神、道德理念和价值追求，它不仅是中国人民的宝贵精神财富，也是人类文明的重要组成部分。中华优秀传统文化，作为中华文化的核心，为中华民族的生生不息提供了强大的精神支柱和动力支撑。在全球化与信息化的时代背景下，面对多元文化的交融与碰撞，如何传承与创新中华优秀传统文化，使其在新的时代背景下焕发生机与活力，成为摆在我们面前的重要课题。

"求木之长者，必固其根本；欲流之远者，必浚其泉源"。任何伟大事业，都需要精神力量的支撑和推动。中华文明延续五千年，孕育出丰富的文化思想，构成了中华文化的精神图谱，这是中华民族的灵魂和精神的集中体现。它不仅代表了我们的历史传统，更引领着我们未来的发展方向。在中华文化丰富多彩的精神图谱中，发源于春秋战国时期的儒家文化、道家文化、墨家文化、法家文化经过漫长的历史，相互交织、相互影响，构成了中华优秀传统文化的核心内核，共同塑造了中华民族的精神风貌，为中华民族的生生不息提供了强大的精神支柱。

中华优秀传统文化源远流长，其中儒家、道家、墨家、法家文化流派的影响最为深远。儒家文化是中国历史上影响最为深远的思想学派之一，强调仁政、礼治，注重道德教化的功能，注重教育，关注民生福祉。道家文化的核心是"道法自然"，强调尊重自然，追求人与自然的和谐共生。墨家文化倡导兼爱非攻，提倡节俭与勤劳，追求平等与和平。法家文化则重视法治，主张以法律维护社会秩序和公正。这些思想流派在历史上相互交织、相互借鉴，共同塑造了中国封建社会的道德观念、社会秩序和社会伦理，为中华民族的精神风貌注入了深厚的底蕴。

尽管时代背景和环境条件已经发生了巨大的变革，但儒家、道家、墨家、法家这些思想所蕴含的智慧和价值观念仍然具有深远的影响。因此，开展对中华优秀传统文化的传承和创新研究，具有重大的现实意义。中国特色社会主义建设取得了举世瞩目的辉煌成就，随着中国经济的持续崛起及与国际社会的交流日益加深，中国人民对本民族历史的兴趣以及对民族独特价值的认同变得愈加重要。这不仅催生了传统文化的复兴，也进一步增强了对本民族文化自信心的建设。2023 年 6 月 2 日习近平总书记在文化传承发展座谈会上强调，如果不从源远流长的历史连续性来认识中国，就不可能理解古代中国，也不可能理解现代中国，更不可能理解未来中国。这一观点凸显了深入研究中华优秀传统文化对于全面认识和理解中国的重要性。通过传承和创新中华优秀传统文化，我们可以更好地应对当今时代的挑战和问题，为实现中华民族伟大复兴的中国梦贡献更多的智慧和力量。

在这一历史背景下，20 世纪 90 年代中期迎来了近代以来的第一波"国学热"。这一热潮并非偶然，而是在中国特色社会主义建设取得巨大成功、中国综合国力不断增强的背景下，人们对传统文化价值的重新认识和挖掘。进入21 世纪后，国学热持续升温，逐渐成为学术界乃至全社会关注的焦点。近年来，国学经典及国学元素在人们对生活中越来越受欢迎，国人对传统文化的认同感和自豪感也日益增强。同时，新时代的年轻人不再满足于单纯地继承和模仿传统的文化形式，而是怀揣着创新和变革的激情，致力于在新的社会环境中重新定义和塑造传统文化。这种传承和创新的结合，不仅丰富了传统文化的内涵和形式，也使其更加贴近现代社会和年轻人的生活。在这一文化浪潮中，典籍、汉服、文博等传统文化元素格外"出圈"。据艾媒网所统计的中国汉服产业数据，2022 年中国汉服爱好者数量规模约 850.7 万人，市场销售规模达125.4亿元。2023年第一季度监测数据显示,中国汉服市场已实现销售额约36.2亿元,同比增长15.4%。同时,《国家宝藏》《典籍里的中国》《经典咏流传》等传统文化电视节目备受赞誉。这些现象是中国式现代化成功发展的文化表象,预示着中华民族自我意识的觉醒,开启了民族文化的自觉与自信。这对中华民族的伟大复兴具有里程碑意义。

全球化的发展和信息时代的到来,使得各种文化交融、碰撞,呈现出前所未有的多样性。这种文化多样性不仅丰富了世界文明的内涵,也为其发展注入了新的活力。然而,在这种背景下,中华优秀传统文化的传承与创新面临着前所未有的挑战。一方面,数字信息时代的到来虽然给传统文化的传播带来了便利,但是也带来了许多问题。例如,网络上的信息碎片化、虚假化,以及各种文化观念的冲击,都可能对传统文化的传播产生负面影响。此外,现代生活节奏的加快,人们越来越少有时间去深入了解传统文化,这也给传统文化的传承带来了困难。另一方面,现代生活方式的快速变化给传统文化的传承创新带来了巨大的冲击。科技的进步和社会的发展正在不断改变着人们的生活方式与价值观念。同时,许多传统文化技艺由于其工艺的复杂性等原因正面临失传的危险。为了应对这些挑战,中华优秀传统文化的传承创新需要在马克思主义的指导下与时俱进。这不仅要求我们要保持中华优秀传统文化的核心价值和精神内涵,还需要在形式和表达上进行创新,赋予其新的时代感和现代性。只有这样,传统文化才能在全球化的大潮中保持其独特的魅力和影响力,为中国特色社会主义伟大事业注入强大的精神动力和文化底蕴。

基于以上认识,研究中华优秀传统文化的传承与创新问题具有深远的现实意义和学术价值。这项研究不仅有助于保护和传承中华民族的文化瑰宝,也有助于推动中国特色社会主义文化的繁荣发展,提升中华优秀传统文化的影响力和感召力。在马克思主义的指导下,我们应深入挖掘中华优秀传统文化的精髓,结合时代要求,能够创造出既蕴含传统文化底蕴又具有鲜明时代特色的文化产品和文化服务。这将为中华文化的伟大复兴和世界文明的繁荣发展作出更大的贡献。

本书以儒家、道家、墨家、法家四家思想为核心,对中华优秀传统文化进行系统而深入的研究。旨在深入挖掘其当代价值,并探讨其在现代社会的传承与创新路径。在撰写过程中,笔者始终坚守学术规范,追求研究的严谨性和准确性。通过史料的考证和理论的阐释,期望为读者呈现一个全面、深入、系统的研究成果。同时,本书结合历史与现实,对各思想流派进行了深入的梳理和研究,并针对现实问题,为中华优秀传统文化的创新路径提供了多维度的探讨。

全书共分为五章。第一章对中华优秀传统文化的主要内容进行了梳理和阐释,包括对儒家、道家、墨家和法家文化的起源、发展及其基本思想进行整理和分析。本章指出,这四种文化不仅是中华民族的精神内核,代表了我们的独特文化标识,更是我们深厚的文化软实力。它们所蕴含的深厚智慧,不仅为当代中国人构建精神家园提供了宝贵的种子,同时也为解决当代中国社会主义文化建设提供了丰厚的资源,为中国特色社会主义建设提供了强大的精神动力和智力支持。更重要的是,这些思想可以为全球面临的共同挑战提供中国哲学和中国智慧,为构建人类命运共同体提供独特的哲学视角和方法。

第二章探讨了中华优秀传统文化的特点,深入挖掘其内在的合理内核,分析其核心价值观、思维方式、伦理道德等方面的当代意义。本章认为,作为世界历史上历史悠久的文明古国,中华优秀传统文化具有深厚的历史渊源与传承。这一文化以连续性与稳定性为显著特点,并始终贯穿于中华民族的漫长发展历程中。不仅如此,中华优秀传统文化还以其独特的伦理本位、显著的地域与民族特色,以及兼容并蓄的博大胸怀而著称。本章强调,中华优秀传统文化的精髓在于其民本思想、深厚的爱国情怀、和谐共处的理念、对和平的执着追求、自强不息的精神以及诚信为本的价值观。这些特质共同赋予了中华文化独特且深刻的内涵。

　　第三章进一步挖掘了中华优秀传统文化的当代价值,从国内和国际两个层面论述其在国家治理、道德建设、生态保护等方面的现实意义和作用。从国内层面上来看,中华优秀传统文化的当代价值主要体现在以下六个方面:第一,有助于提升文化软实力;第二,有助于社会主义市场经济的健康发展;第三,有助于增强民族凝聚力;第四,它是彰显文化自信的有力支撑;第五,它是涵养社会主义核心价值观的重要源泉;第六,它为现代治国理政提供了深厚的思想文化基础。从国际层面来看,中华优秀传统文化的当代价值主要体现在以下四个方面:第一,有助于促进世界文化多样性发展;第二,它为全球治理体系改革和建设提供了重要的思想资源;第三,它为世界和平与发展提供重要思想指引;第四,它为应对全球生态环境问题提供智慧。

　　第四章对中华优秀传统文化在当代所面临的机遇和挑战进行了客观的分析。从机遇方面来看,本章认为,中华优秀传统文化在当代所面临的机遇主要有以下五方面:第一,全球化带来了更多文化交流的机会;第二,科技发展带来的传播手段升级;第三,市场需求与文化产业的发展;第四,国际交流与合作的机会增加;第五,政策的支持与保障。从挑战方面来看,中华优秀传统文化在当代所面临的挑战包括:第一,外来文化的冲击;第二,商业文化的冲击;第三,地域文化差异;第四,文化需求多样化的挑战;第五,网络文化的影响。

　　第五章则提出了中华优秀传统文化传承创新的路径和方法。本章认为,传承与创新中华优秀传统文化,不仅是推动中国特色社会主义文化建设的核心使命,更是实现社会主义文化强国目标的重要基石。具体来看,我们需要通过以下三种路径进行文化传承与创新:第一,立足当代,提升对中华优秀传统文化的深入研究与精准阐释;第二,科技助力,优化中华优秀传统文化的呈现形式;第三,加强交流与互鉴,提升中华优秀传统文化的国际影响力。

　　尽管笔者已经对中华优秀传统文化的传承与创新进行了深入的研究,并取得了一些成果,但仍有许多重要的问题需要进一步探讨和解决。例如,如何更好地将马克思主义理论与中华传统文化相结合,使其在当今社会中发挥更大的作用;如何利用现代科技手段创新传统文化产业的发展模式,创造出既符合广大人民需求又具有科技含量的文化产品;如何将传统文化的教育推广到更广泛的领域,提高全民族的文化素质和文化自觉;如何保护和传承濒临失传的传统技艺和文化,使其得到更好的传承和发扬光大。这些问题需要我们深入思考和探讨,并寻求有效的解决方案。

总之,这本书是对中华优秀传统文化传承创新问题的一次全面系统的研究和探讨。希望这本书的出版能够为学术界和广大读者提供有益的参考和借鉴,为推动中华文化的传承与创新贡献一份力量。同时也期望这本书的出版能够引起更多人对中华优秀传统文化的关注,激发对传统文化的热爱和尊重,进一步推动中华文化的传承与创新。我们期待着未来有更多的学者和研究人员加入这一研究领域,共同推动中华优秀传统文化的传承与创新研究向更深层次和更完善化发展,为中华民族的伟大复兴和世界文明的繁荣发展作出更大的贡献。

目 录

第一章

中华优秀传统文化的主要内容

作为历史悠久的文明古国,中华优秀传统文化源远流长、体系庞大、内容丰富。本书将重点探讨其中最具影响力、传播最广泛的四种文化:儒家文化、道家文化、墨家文化及法家文化。这四种文化不仅是中华民族的精神内核,代表了我们独特的文化标识,更是我们深厚的文化软实力。它们所蕴含的深厚智慧,不仅为当代中国人构建精神家园提供了宝贵的种子,同时也为解决当代中国特色社会主义文化建设提供了丰厚的资源,为中国特色社会主义建设提供了强大的精神动力和智力支持。更重要的是,这些思想可以为全球面临的共同挑战提供中国哲学和中国智慧,为构建人类命运共同体提供独特的哲学视角和方法。因此,在新的时代背景下,加强中华优秀传统文化的传承和创新研究具有重要的理论意义和现实价值。

第一节　儒家文化

儒家文化,源自春秋时期的孔子及其门徒,是中国传统文化中至关重要的思想流派。后经历代思想家的不断充实和深化,形成了一套完整的哲学体系。儒家文化因其深厚的人文关怀、对社会和谐稳定的执着追求、对君主道德责任的强调,以及倡导人与自然和谐共生的理念,而深受历代统治者的青睐。它不仅在古代中国的历史舞台上扮演了重要角色,更在整个东亚文化中都占有重要的地位。在现代社会背景下,我们需要深入了解儒家文化的精神内核,既要传承其经典,也要推动其创新发展。通过对儒家文化的现代解读与重构,我们应努力实现"古为今用,批判继承"的目标,在传统与现代之间寻找到一个平衡点,从而让儒家文化的智慧在现代社会中焕发新的生机与活力。

一、儒家文化的起源和发展

儒家文化是中国文明史经历了夏、商、周的近1700年之后,由春秋末期思想家孔子所创立。儒家文化是中国传统文化的一个最重要的流派,其起源可以追溯到春秋战国时期(公元前770年至公元前221年)。这一时期,社会经历了划时代的历史变革,处于动荡和分裂时期,周王室衰微,诸侯争霸,维护封建宗法等级制度的"周礼"遭到极大破坏。这时候代表各阶级利益的知识分子异常活跃,纷纷登上历史舞台,针对社会现实提出解决问题的办法,形成了中国历史上诸子百家争鸣的繁荣盛况。在诸多文化思想中,儒家文化、道家文化、法家文化和墨家文化都有深远的影响。然而,儒家文化在中国历史上的影响最为显著,影响深远且持久。

作为儒家文化的创始人,孔子(公元前551年至公元前479年)构建了一套以"仁"为核心的道德伦理体系。这种伦理体系不仅关注人与人之间的交往,君臣之间的关系,还关注人与自然之间的关系。孔子认为,仁是一种普遍的道德原则,它的实现需要个人的自觉和努力。同时,孔子也极力推崇"礼"的重要性,认为礼是一种规范和约束,能够有效地维护社会的秩序和稳定。孔子的学说强调了个人道德修养和社会伦理规范的重要性。他坚信通过个人的努力和社会的变革可以实现社会的和谐与进步。他的学说主要包括仁、礼、忠、信、孝、悌等理念,其中核心是"仁",即对人的关爱和尊重。认为只有通过实现"仁"的理念,才能建立和谐的社会关系。

孔子之后,儒家文化经历了一系列发展阶段。儒家思想逐渐发展成为一个完整的哲学体系。孟子、荀子等儒家后继者进一步发展了儒家思想,他们强调个人的自我修养和心灵的教化,并提出了新的政治理念。孟子强调人性本善,提出了一套以"仁政"为核心的政治理念。他认为,君主的权力来自天命,但君权必须合乎道德规范才能得到人民的拥戴。荀子则认为人性本恶,如果任由人性自然发展,那么人们就会表现出自私、贪婪、好逸恶劳等恶劣品质。因此,荀子认为可以通过教育和礼仪来约束和改造人性。同时,荀子提出了"礼法并重"的思想。他认为礼和法都是治理国家的重要手段。荀子的思想在某种程度上促进了法家思想的形成和发展。

到了汉朝,国力强盛,政治环境稳定。为了维护大一统的局面,需要有一种与之相适应的思想体系。这一时期的儒家思想吸收了道家、法家等元素,增加了"君权神授"和大一统的思想,这在某种程度上有利于中央集权的加强。汉武帝采纳了董仲舒的建议,罢黜百家,独尊儒术,将儒家文化作为官方意识形态和教育体系的基础,从此儒家思想逐渐成为封建社会占统治地位的正统思想。

宋朝是中国历史上儒家思想发展的重要时期,形成了理学。这一时期的儒学思想家程颢、程颐与朱熹等,一方面借鉴佛教和道教在哲学本体论方面的成果,另一方面在传统儒学中寻找能够利用的因素,创造性地提出了"太极""天理"等许多富有特色的儒学概念。这使得传统的儒学道德信条逐渐演变成了一套完整的哲学理论体系。这一变革不仅深化了儒家文化的内涵,还使其在哲学层面上更具说服力与影响力。

明清时期是我国封建社会走向衰落的阶段,传统的儒家文化随着时代的发展而逐渐僵化。随着商品经济的发展和资本主义萌芽,封建制度渐趋衰落。这一时期,中国与西方的接触与交流增多,这对儒家文化产生了一定的冲击和启发。为了适应时代的变化,明清时期的思想家们对儒学传统教条进行了多方面的批判与修正。以李贽为代表的思想家们向陈腐的儒学和封建专制特权进行了猛烈抨击。黄宗羲、顾炎武、王夫之三位思想家批判君主专制,提倡经世致用,重视工商业发展,对传统儒学加以批判继承,逐渐形成明清儒学。这对中国思想文化的发展产生了深远的影响。

总的来说，儒家文化起源于春秋战国时期，以孔子为代表的先秦儒家提出了以"仁"为核心的道德伦理体系。随着时间的推移，儒家文化经历了多个发展阶段，在汉朝时期，儒家文化逐渐成为中国官方文化的主导力量。在随后的历史长河中，儒家文化一直占据着重要的地位，并且随着时代的发展而不断调整，对中国社会、政治、文化等方面产生了深远的影响，成为中华文明的重要组成部分。

二、儒家文化的核心理念

儒家文化的核心理念，仁、义、礼、智、信，深深融入于中国传统文化之中，贯穿其各个领域。这些价值观不仅塑造了中国传统道德观念，同时也为现代社会的道德和行为准则提供了宝贵的启示。它们是我们的文化基石，是我们日常生活中的道德指南。深入理解和实践儒家文化的核心理念，对于当代的我们来说仍然具有重要的意义和价值。

第一，仁。"仁"是儒家学派道德规范的最高原则，也是孔子思想体系的理论核心。它强调对他人的关爱、尊重和包容，主张人与人之间应当相互理解、互相帮助，以建立一个和谐美好的社会。孔子认为，仁是人的本质属性，是人们应当追求的最高道德境界。孔子主张仁者爱人，"夫仁者，己欲立而立人，己欲达而达人。能近取譬，可谓仁之方也已。"❶他提倡通过自我修养和人际关系来实践仁的理念，强调在家庭、社会和国家中实现仁爱。

在儒家文化中，仁爱思想被解读为一种对他人的关怀和热爱，"泛爱众而亲仁"，即以博大宽厚的胸怀来爱护民众，这是"仁"的一种表现方式。其起点是爱与自己有亲缘关系的人，即孝悌，是对父母和兄弟姐妹的爱；而其终点则是对他人的爱，即爱众，爱一切天下应爱之人。这种爱是以血缘关系为基础、

---

❶ 论语译注[M]. 杨伯峻，译注. 北京：中华书局，2017：93.

逐级发散开来的,是一种由近及远、由内而外、由亲到疏的情感表达方式。仁爱包含三个大的层次:以家庭为体系的爱、以社会为体系的爱和以宇宙为体系的爱。这些层次的爱是相互联系的,并以儒家"过犹不及"的中庸思想为共同的哲学基础。

同时,儒家的仁爱思想不是纯粹形而上的理论体系,而是具有很强的实践性。他把关注的焦点投向社会的运作秩序中,例如君臣、父子、兄弟、朋友等关系中都体现着仁爱之道。在家庭关系中,仁爱思想表现为对家庭成员的关心和爱护;在社会体系中,仁爱思想强调对社会的责任和义务。为了崇高的"仁"的境界,多少仁人志士奋不顾身地为国家、为民族事业而奋斗终身。因此,仁爱思想不仅关乎个人,也涉及对他人的关心与爱护,对社会的责任与义务,以及对国家的关注与奉献。

为了达到"仁"的境界,至关重要的是要注重个人修养和自我完善。在实现对他人的尊重和关爱之前,个人必须先培养自己的美德和道德素质。儒家强调,"吾日三省吾身:为人谋而不忠乎?与朋友交而不信乎?传不习乎?"❶"己所不欲,勿施于人。"❷只有通过不断地自我完善,提高自己的道德水平,才能更好地实现对他人的尊重和关爱。

总之,儒家仁爱思想是一种以亲情、友情和爱情为基础,尊重他人、关爱他人、对社会负责并注重个人修养和自我完善的思想体系。它强调人与人之间的情感联系和相互依赖,认为人应该以亲情、友情和爱情为基础,并在此基础上把关注点投向对社会秩序的运作。儒家文化的仁爱思想对中国古代的和谐稳定和人际关系的发展起到了重要的作用,其中仁的理念在中国和东亚地区产生了深远的影响。

第二,义。"义"也是儒家文化的重要理念之一,是儒家文化中关于道德行为的原则和规范。它强调了做人的原则和社会责任感,被视为一种对自己和

---

❶ 论语译注[M].杨伯峻,译注.北京:中华书局,2017:4.

❷ 论语译注[M].杨伯峻,译注.北京:中华书局,2017:175.

对他人的承诺。《论语》中强调了对正义的追求，"君子喻于义，小人喻于利"❶，这句话告诉我们应该以道义为行为准则，追求内心的道德和精神满足，追求公正，而不被私利所动。

在实践中，"义"要求人们遵守社会规则和道德准则，对自己的行为负责。这种责任感和义务感不局限于个人的行为中，而是延伸至社会生活的实践当中。儒家认为，一个具备"义"的人应当能够为社会作出贡献，维护社会的公正与正义。当面临道义与个人利益的抉择时，义强调遵循道义优先的原则。孟子曾言，"生，亦我所欲也，义，亦我所欲也，二者不可得兼，舍生而取义者也"❷。这深刻地表达了儒家文化中义所蕴含的崇高价值观和道德选择。

第三，礼。"礼"是中国传统文化的一个核心范畴。最初指祭祀的宗教仪式，后来逐渐发展到人的日常生活中来。《礼记·中庸》中提到："礼仪三百，威仪三千，待其人然后行。"❸这表明在古代，礼仪是非常复杂和精细的，其涵盖了人们生活的各个方面。从大的方面到小的细节，从日常的行为举止到特定的仪式，都有相应的礼仪规范来约束和指导人们的行为。这种礼制的存在，不仅体现了对人的尊重和关心，也彰显了社会秩序和文化的深厚底蕴。因此，礼仪不仅仅是一种表面的形式，更是对人们内心和行为的深刻影响和塑造。

作为中华民族的传统美德，礼是人际关系的调节器。通过遵守礼仪规范，可以促进人际关系的和谐，增进相互之间的理解和信任。同时，礼也有助于对社会秩序的维护，是确保社会稳定和发展的重要屏障。孔子曾言，"不学礼，无以立"❹。《论语》中反复强调尊重和遵守礼仪，孔子又说："事父母几谏，见志不从，又敬不违"❺，传递了对待父母的谦逊与恭敬。孟子认为，礼为"辞

---

❶ 论语译注[M].杨伯峻，译注.北京：中华书局，2017：55.

❷ 孟子[M].方勇，译注.北京：中华书局，2015：225.

❸ 礼记[M].胡平生，张萌，译注.北京：中华书局，2017：1032.

❹ 论语译注[M].杨伯峻，译注.北京：中华书局，2017：254.

❺ 论语译注[M].杨伯峻，译注.北京：中华书局，2017：55.

让之心",是个人德行的一部分。荀子则更进一步,认为"礼者,人道之极也,然后乐从之"❶,将礼置于做人的首要位置。这表明在儒家思想中,礼被赋予了极高的价值和意义。

第四,智。儒家文化中的"智"指的并不是一种科学智慧,而是一种道德智慧,即辨别是非、追求知识的能力。这种追求知识和思考的能力在儒家思想中占据着重要的位置。孔子在《论语》中多次强调学习和思考的重要性,并认为智慧和知识是提升个人修养和社会价值的关键。他曾说:"学而时习之,不亦说乎?"❷这句话告诉我们,不断学习、思考和探索,能够带来内心的愉悦和智慧的提升。同时,智也表现为对知识和文化的尊重和对智慧的追求。孔子提倡"知之者不如好之者,好之者不如乐之者"❸,认为智者能够以正确的态度和方法对待知识和学习。

儒家认为,"智"是建立在对客观事实的深刻认识和对人类社会发展规律的深刻洞察之上的,需要人们不断探索和思考。在儒家文化中,"智"被赋予了极高的道德价值,代表了对知识和智慧的追求。"智"在实践中要求人们要持续地学习和探索,提升自己的知识和智慧水平。同时,儒家文化认为,一个有智慧的人应不仅仅满足于个人的成长和进步,更应该以自己的知识和智慧为社会作出贡献,推动社会的进步和发展。

孟子进一步阐述了"智"的概念,他认为"智"是与生俱来的"是非之心"。通过充分发掘和发挥这种智慧,便能达到对事物本质的认识,进而理解天道。领悟天道意味着已经超越了世俗的束缚,达到超脱世俗的人生境界,这是"智"的最高境界。也是儒家思想中"智"这一道德智慧范畴的真正含义。在儒家思想史上,孟子首次将"仁义礼智"四德并提,确立了礼与智在道德体系中不可或缺的地位。

因此,在儒家文化中,"智"是一种追求内在品质和道德智慧的概念,其目

---

❶ 荀子[M].方勇,李波,译注.北京:中华书局,2015:306.

❷ 论语译注[M].杨伯峻,译注.北京:中华书局,2017:1.

❸ 论语译注[M].杨伯峻,译注.北京:中华书局,2017:87.

的在于提升个人的修养,增强明辨是非的能力。通过深入地认识和领悟,人们能够更好地理解事物的本质,明确道德准则,从而作出正确的决策和行动。

第五,信。"信"是儒家文化中关于诚实、守信的价值观,强调人们在交往中应该遵循诚信的原则,以建立稳定和谐的人际关系。儒家认为,"信"是一种内在的道德品德,是人与人之间互相信任的基础,也是社会秩序和个人品德的基石。在《论语》中,孔子及其弟子对于诚实守信的重要性进行了强调。孔子曾说:"人而无信,不知其可也。大车无𫐄,小车无𫐄,其何以行之哉?"❶孔子的弟子子夏也说,"与朋友交,言而信"❷。

同时,儒家把"信"作为立国治国的基石。认为只有通过信的道德原则,才能建立和谐有序的社会秩序。一旦缺乏信任,社会将变得混乱无序,国家的治理也将变得困难重重。因此,儒家强调君主应以身作则,通过自己的行为示范来树立信誉,赢得人民的信任和尊重。子夏曾言"君子信而后劳其民;未信则以为厉己也。信而后谏;未信,则以为谤己也"❸。这句话揭示了一个道理:无论是君子还是执政者,都需要先得到民众的信任,然后才能有所作为。在孔子看来,民众的信任是至关重要的。孔子在回答子贡问政时提出"足食""足兵"与"民信",而其中最重要的即"民信"。孔子称"民无信不立",这句话突出了信任在治国理政中的重要性。如果人民对国家的政策和制度缺乏信任,那么国家的稳定和繁荣就无从谈起。因此,对于执政者来说,建立和维护人民的信任是至关重要的。

总之,儒家文化是中国传统文化的重要组成部分,具有非常重要的历史、文化和思想价值。它所倡导的仁、义、礼、智、信等核心价值观在中国历史上发挥了重要作用,对中国社会的发展和文化的传承产生了深远的影响,也成为了我们现代社会的道德和行为准则的重要组成部分。同时,儒家文化也是人类文明重要组成部分,对于人类文明的发展作出了积极的贡献。

❶ 论语译注[M].杨伯峻,译注.北京:中华书局,2017:28.

❷ 论语译注[M].杨伯峻,译注.北京:中华书局,2017:6.

❸ 论语译注[M].杨伯峻,译注.北京:中华书局,2017:284.

三、儒家文化的影响。

儒家文化对中国历史和文化产生了深远的影响。首先,儒家文化在政治方面主张仁政、德治,强调君主的道德修养和领导能力。这种思想影响了中国政治制度的演变和发展,成为中国古代政治文化的核心。其次,在伦理道德方面,儒家文化强调个人的内心修养和德行,认为道德是人的本质属性。这种思想影响了中国社会的道德观念和行为规范,成为中华民族传统美德的重要组成部分。再次,在教育方面,儒家文化注重教育的作用,提倡"有教无类",这种思想影响了中国教育的发展和演变。最后,在文学艺术方面,儒家文化也产生了重要的影响,成为中国古代文学艺术的重要思想源泉之一。

第二节　道家文化

道家文化是先秦时期一个重要的哲学流派,以老子、庄子为主要代表,其核心思想可以概括为"道法自然"和"无为而治"。道家围绕"道"构建了一个庞大的哲学思想体系,具有十分丰富的内容。虽然历史上的道家文化有诸多的流派和代表思想,但"无论老庄、黄老、玄学或是道教,就其基本的学术思想而言,显然有着共同的特征,有着共同关心和试图解决的基本问题"。❶道家文化是一种深刻而独特的哲学思想,它深刻影响了中国乃至全世界的文化、艺术、政治和伦理等领域。时至今日,道家文化的智慧依然闪耀着光芒,为我们应对现代社会的种种挑战提供着宝贵的思想资源和实践指南。

一、道家文化的起源和发展

在历史上,道家文化的萌芽可以追溯到伏羲和黄帝时期。伏羲是中华民

---

❶ 王卡.道家与道教思想简史[M].郑州:中州古籍出版社,2019:1.

族的人文始祖之一,他提出了"阴阳五行"等哲学观念,使得道家文化在中国历史上初露峥嵘,开启了人类的元文明。随后,黄帝继承并发展了这一传统,他不仅整合了当时的中华文明更,进一步对其进行提炼和升华。黄帝的贡献为道家文化奠定了基础,并为春秋战国时期道家文化的形成提供了重要的启示。这些时期,道家文化虽尚未形成完整的体系,但其核心思想已经初见端倪。这一思想强调尊重自然规律与自然和谐共处。这些理念在当时的社会背景下显得尤为独特,为后世道家的发展提供了重要的启示。

在春秋战国时期,社会动荡不安,人们开始反思自身的行为和价值观。在这一背景下,一些思想家开始思考人与自然、人与社会、人与人之间的关系,试图寻找一种能够应对混乱和不安的理论体系,道家文化正是在这种思考中诞生的。老子是道家文化的集大成者,他汲取了伏羲、黄帝及管仲等人的思想精华,奠定了道家的理论体系,逐步形成系统。他的核心思想是"道法自然",认为万物都应该顺应自然规律,而不是人为干预。老子认为"道"是万物的本源和规律,是超越时间和空间的永恒存在。同时,老子也提出了"无为而治"的观念,即统治者不要过多地干预百姓的生产与生活,让百姓自由发展、自我实现。这种思想的出现,既是对当时社会动荡的反思,也是对人类自身行为的一种深刻思考。《道德经》是道家文化的经典著作之一,它认为宇宙的起源是由万物混成并且独立存在的自然,人类作为宇宙发展中的一个元素,应当顺应宇宙的发展,学习处世的规则。"老子的政治理想是回到古代小国寡民、风俗淳朴、人民知足常乐、与世无争的原始社会状态。他不同意儒墨两家倡导的尚贤有为的政治原则,认为这是造成道德和礼法沦丧,使人民争夺难治的原因。"❶老子用无为之道的社会哲学和理论来应对混乱的世局,无意制造社会的新气象,因为在他看来那都不符合宇宙发展的大道之本。他坚信,只有顺应自然,无为而治,社会才能恢复其应有的秩序。

随着时间的推移,道家文化逐渐发展壮大,出现了庄子等重要代表人物。

---

❶王卡.道家与道教思想简史[M].郑州:中州古籍出版社,2019:4.

庄子作为老子之后道家思想最重要的继承者之一,对道家文化的发展作出了卓越的贡献。他不仅继承了老子的思想,更进一步发展了道家文化的哲学体系,使之更加丰富和完善。庄子认为万物都应该自由发展,人类也应该追求自由和内心的平静。"与老子相比,庄子明显地把注意力放在了治身即内省的方面。他的治身更多的表现出了对个人生命的关注。"❶他提出的"逍遥游"观念,成为道家文化的一个重要思想,对后世文学、艺术等方面的发展产生了深远的影响。在庄子的哲学体系中,人与自然的关系以及人的主观能动性是两个核心主题。他强调人应该顺应自然规律,与自然和谐共处,同时也要充分发挥人的主观能动性,积极应对生活中的挑战和困境。在道法自然的基础上,庄子进一步提出了从人自身的修养到社会和国家政治层面的处世之道。在个人方面,庄子认为人应该注重自身的修炼和提升,在社会和国家政治层面,庄子主张无为而治。

除了老子和庄子之外,道家文化还有其他重要代表人物,如列子、文子、彭蒙、慎到等。这些人物的思想虽然有所不同,但都强调顺应自然规律、追求自由和内心的平静。他们的思想互相补充,共同构成了道家文化的思想体系,并对中国后世的政治、经济、文化等各方面的发展产生了影响。

道家文化到汉朝初期达到兴盛。在汉朝初期,天下大乱终于结束,但这场战争给国家带来了巨大的创伤,人民承受了巨大的损失,生产力严重衰退,国家陷入了衰弱。为了国家的复苏,必须给予民众足够的时间来恢复元气。道家的"无为而治"思想恰好与当时的社会现实相适应。统治者采取了休养生息的政策,减少了对社会生产的干预,并大大降低赋税。正是这种政策,使汉朝的社会生产重新焕发出生机和活力,为汉朝的"文景之治"打下了基础。汉朝时期道家文化的兴起和演变提供了一种独特的解释世界的方式,对于人与自然的关系以及社会治理等方面提供了新的思考角度。随着西汉"罢黜百家,独尊儒术"政策的实施,道家从此成为非主流思想。虽然道家文化并未被

---

❶ 陈鼓应.道家的人文精神[M].北京:中华书局,2021:6.

官方采纳,但继续在中国古代思想的发展中扮演重要角色。道家思想中的"无为而治"和"顺应自然"等观念,成为了许多人追求的精神境界和人生哲学。

在魏晋南北朝时期,天下动乱,士族文人痛感人生的悲凉和世事的变幻无常。他们追求精神自由超越,这成为当时的一种时代思潮。在这个背景下,这一时期玄学兴起。玄学秉承道家自然无为的思想,同时也吸收了佛教文化的一些元素,借鉴了儒家经典的阐释方法。玄学的兴起实际上是对儒释道文化深层次的一种整合。这一时期的代表人物包括阮籍、嵇康等,他们提出"越名教而任自然的口号",深刻地影响了当时的文化和思想潮流。

到了唐朝和宋朝,道家文化进一步发展,出现了许多重要的道教学者,如唐代的吴筠、宋代的张伯端等。这些学者对道家文化进行了深入的研究和阐释,对道家文化的发展作出了重要的贡献。同时,宋明理学虽然是儒学的一种发展形态,也汲取了大量道家文化的思想精华,从而丰富和完善了中国古代的哲学体系。程朱理学主张,人自出生便内在具备仁义礼智等自觉品质,这种天性本质特性表现为一种无为、无欲的状态。胡适在评论宋明理学时,指出"理学挂着儒家的招牌,其实是禅宗、道家、道教、儒教的混合产品。其先天太极等,是道教的分子;又谈心说性,是佛教留下的问题;也信灾异感应,是汉朝儒教的遗迹。但其中的主要观念却是古来道家自然哲学里的天道观念,又叫作'天理'观念,故名为道学,又称理学"[1]。陈鼓应则认为理学"从理论系统的建构到哲学思想的内核,都未脱老庄的窠臼。……程朱理学的道心与人心、天理与人欲的背离,也是受道家的影响"[2]。佛教传入中国后,也与道家思想相互影响,其中禅宗这一流派在多个方面受到了庄子思想的启发和引导,进一步推动了佛教的本土化发展。例如,佛教学者僧肇大师在其著作《肇论》中明确提出:"天地与我同根,万物与我一体。"这一观点与《庄子·齐物论》中

---

❶ 胡适.几个反理学的思想家[M].北京:文化艺术出版社,2012:251.

❷ 陈鼓应.道家在先秦哲学史上的主干地位[J].中国文化研究,1995(2):1-16,4.

的"天地与我并生,而万物与我为一"的论述高度一致,均强调了人与自然的和谐统一。禅宗作为佛教的一个重要流派,始终坚持"教外别传,不立文字"的修行理念。这种理念与庄子的观点"夫道有情有信,无为无形;可传而不可受,可得而不可见"相互呼应,共同强调了道或佛法的本质并非通过文字或传统教义能够完全传达,而是需要通过个人的内心体验和悟性来领悟。

由上述内容可见,道家思想展现为一个持续演变与发展的体系。在不同的历史时期,各学派或教派都有重点关注和探讨的一些问题。同时,道家思想也受到了儒学、佛学及民间信仰等多重因素的影响,从而催生出丰富多彩的学术观点和流派。因此,道家文化产生及其发展是复杂而多元的,它涵盖了对自然和人类社会的思考和探讨,同时也包括了社会政治、宗教信仰等方面的因素。虽然道家文化在历史上不如儒家文化那么显赫,但是道家文化的精髓在于提供了一种独特的人生态度和价值观,这为后世的哲学和思想文化发展产生了持久的影响。现代社会中,道家文化的影响力依然存在。因此,我们可以说,道家文化不仅仅是一种传统思想,更是一种对人生和社会的深刻洞察。

二、道家文化的核心理念

第一,道法自然。道法自然是老子思想精华的集中体现,源自《道德经》第二十五章"人法地,地法天,天法道,道法自然"❶。道法自然是道家文化的核心哲学思想,所阐述的是道的本性,即"法自然"。这句话可以理解为人类的行为应该效法大地,大地的行为效法天,天则效法道,而道则效法其自身的规律,即自然。"道法自然"揭示了宇宙万物的特性,它包含了天地间所有事物的本质属性。

根据老子的观点,"道"是天地万物生成的本原,是宇宙生成的发展的原

---

❶ 老子[M].汤漳平,王朝华,译注.北京:中华书局,2014:95.

动力。"道生一、一生二、二生三、三生万物"❶,这个"道"字在道家学说中有着非常丰富的内涵,它既可以指宇宙的本原和规律,也可以指万物生成的原理和演变的过程。

关于"法",流传比较广的释义是"效法",意思是万物都应该效法"道",顺应"道"的规律。因此,"道法自然"就是说万物都应该效法"道",顺应"道"的规律。

"自然"从本义上来看,指自然界或天然。但在道家文化中,"自然"有着更深层次的含义。它更多的是指一种"顺其自然"的态度,即不强行干预,尊重事物的自然发展。在《道德经》中,除了"人法地,地法天,天法道,道法自然"提到自然外,其他多处也提到自然。"道生之,德畜之,物形之,势成之。是以万物莫不尊道而贵德。道之尊,德之贵,夫莫之命而常自然。故道生之,德畜之;长之育之;成之熟之;养之覆之。生而不有,为而不恃,长而不宰。是谓玄德。"❷"是以圣人欲不欲,不贵难得之货;学不学,复众人之所过,以辅万物之自然而不敢为。"❸"悠兮其贵言,功成事遂,百姓皆谓我自然。"❹"希言自然。故飘风不终朝,骤雨不终日。孰为此者?天地。天地尚不能久,而况于人乎?"❺这四句话中,自然的主要意思是"顺其自然",这是道家文化中"自然"的主要含义。庄子在《庄子·应帝王》中说:"顺物自然而无容私焉,而天下治矣。"❻表达了顺应自然,尊重自然规律的理念。事实上,"自然"一词是个动态的概念,其内涵在历史传承中被不断地丰富和发展。王冲在《论衡·偶会》中指出:"其实自然,非他为也"。强调了万事万物发展都有其自然性,自然界中的一切都有其内在的规律和自发性,没有其他的干预和强制。

---

❶ 老子[M].汤漳平,王朝华,译注.北京:中华书局,2014:165.

❷ 老子[M].汤漳平,王朝华,译注.北京:中华书局,2014:205.

❸ 老子[M].汤漳平,王朝华,译注.北京:中华书局,2014:253.

❹ 老子[M].汤漳平,王朝华,译注.北京:中华书局,2014:67.

❺ 老子[M].汤漳平,王朝华,译注.北京:中华书局,2014:89.

❻ 庄子[M].方勇,译注.北京:中华书局,2015:125.

在道家看来，"道法自然"是一种智慧和力量，自然界本身就拥有一种最高的智慧和力量，人类应该尊重自然、顺应自然、效法自然。只有尊重自然、顺应自然、效法自然，才能真正领悟到自然的智慧和力量，才能获得真正的自由和幸福。这一思想的提出，是基于道家对于人与自然关系的深刻洞察。"人法地，地法天，天法道，道法自然"呈现出一种阶梯式的递进关系，是一种从个体到整体、从具体到抽象的认知过程。这个过程的主体是人。首先，人的行为受到其所处的地理环境的影响，应从中汲取智慧和力量，并顺应自然规律，以实现自身的生存和发展，即"人法地"阶段。在这个阶段，人处在对自然的适应阶段。其次，人通过观察天空中的日月星辰、云雨雷电等自然现象，开始思考并探索这些自然现象背后的原因和意义，逐渐认识宇宙的规律和力量，即"地法天"。再次，人通过深入研究天文、气象等逐渐领悟到宇宙运行的基本法则，这些法则规定着天体的运动以及生命的演化等"自然之道"，人类尝试用这些法则来解释和预测自然现象。最后，人通过深入思考和实践，逐渐认识到"道"的本质，进而"道法自然"。"道"不是一种外在的力量或规律，而是自然而然的一种状态。在这个阶段，人开始追求与"道"的合一，实现内心的平静和自由。

"道法自然"这一理念揭示了宇宙的基本特性，概括了天地间所有事物的属性及其发展规律，并强调宇宙中的一切事物都应该遵循自身的规律和法则，不受外界的干预和强制。这一思想提醒我们要摒弃主观臆断和短视行为，尊重自然，顺应自然，努力与自然和谐相处。只有这样，我们才能够真正理解宇宙的内在规律和法则，并在此基础上实现个人和社会的进步与发展。在实践中，人类要以客观的态度看待事物，避免过多的外力干扰。同时，在社会实践中，我们应该学会观察和总结事物的内在规律和法则，并以这些规律和法则来指导人类的行为和决策。

总之，"道法自然"是道家文化最核心的哲学思想之一，强调人与自然的和谐共处，并通过自身内心的反思，达到心灵的平和与自我境界的提升。它在塑造中国传统文化和人们的日常生活中都起着重要的作用。主张顺应自然的法则，遵从道的指引，以实现个体的健康与社会的和谐。这种思想不仅在古代具有重要意义，在现代社会也同样具有深刻的启示作用。它提醒我们，只有尊重自然环境、保护自然资源、追求人与自然的和谐统一，才能实现人类社会的可持续发展。因此，"'道法自然'并不仅仅表现为一种个体的自足、自发与自为，也呈现出道作为整体与个体之间的相互会通。人法地的厚重、天的高远、法道的自发精神，在这里，自然可以理解为发挥个物的自性，而道就是整全，具有一种普遍性与共通性"❶。同时，"道法自然"的思想也启示我们要追求内心的平静和自由，要顺应自然的规律和本性，不要过度追求功名利禄和物质享受，要保持一颗平常心和淡泊名利的心态。只有这样，才能达到一种超脱世俗的境界，实现个人的人生价值和意义。

第二，无为而治。"无为而治"是道家文化另一个重要的思想。无为而治思想源于老子对当时政治生活的深刻感悟。老子生活于春秋末期，这一时期中国正从奴隶制社会向封建制社会转变。此时，周王室衰微，诸侯割据战乱，百姓苦不堪言。目睹战争给百姓带来物质生活和精神生活上的伤害，老子思索如何能够拯救万民于水火。在经过认真的社会实践以及研究各家史料的基础上，老子得出"祸莫大于不知足，咎莫大于欲得。故知足之足，常足矣"❷。老子认为，产生祸患的根源，是人的欲望和野心，所以提出了知足常乐的观点，想要得到满足，就必须知足。鉴于此，老子提出"无为而治"的思想。无为而治是道家治国理政的一种思想，提倡在政治和社会管理方面采取一种自然的方式，不用过度干预。

在《道德经》中老子指出，"天下皆知美之为美，斯恶已；皆知善之为善，斯不善已"❸。这意味着，我们对于事物的评判往往引发了相反的结果。老子提倡顺其自然，让事物按照自身规律，不要过度地人为干预。唯有如此，我们才

❶ 陈鼓应.道家的人文精神[M].北京:中华书局,2021:81.

❷ 老子[M].汤漳平,王朝华,译注.北京:中华书局,2014:181-182.

❸ 老子[M].汤漳平,王朝华,译注.北京:中华书局,2014:8.

能回归生活的本真,洞悉真实的自我。同时,无为而治本意并不是完全不作为,而是追求一种自然而然、不刻意强求的状态。老子强调在治理天下时,应当遵循"无为而无不为"的原则。这意味着不要做过多的干预、而是充分发挥民众的自我能动性,让他们在稳定和谐的环境中实现有效的治理。同时,"天下难事必作于易,天下大事必作于细"❶,"为之于未有,治之于未乱"❷。要实现天下的长治久安,必须从容易的事情做起,从细节入手。在处理天下大事时,必须始终保持冷静和谨慎,避免因盲目干预而引发不必要的问题。通过这样的方式,方可达到"无为而无不为,取天下常以无事,及其有事,不足以取天下"❸的状态。在这样的治理下,天下将保持稳定和谐,民众将得到充分的发展机会。正如庄子所说"顺物自然而无容私焉,而天下治矣"❹,即无为而治的真谛。

这一思想主要建立于"道法自然"的治国之道、"清静无为"的修身之道以及"小国寡民"的社会理想上面。因此道家文化崇尚尊道贵德、自然无为、清心寡欲的理念。这种"无为而治"的思想在道家文化中贯彻始终,并在社会中发挥着重要作用。在道家看来,如果人们能做到内心清静寡欲,没有过多的愿望和需求时,就能做到知足常乐,随遇而安。这种心态可以让人们摆脱世俗的纷扰和束缚,追求内心的自由和真正的幸福。同时,"无为而治"的思想也体现了道家文化以民为本、心怀百姓的济世情怀。在老子的思想中,百姓处于极其重要的地位。老子劝诫统治者,民众虽然弱小,但是他们的力量是无穷的,是整个国家赖以生存的根本。他倡导统治者应当尊重并顺应百姓的自然需求,避免过度干预他们的生活。这样的治理方式不但能够让百姓享受到真正的福祉,更有助于实现社会的和谐稳定。

"无为而治"的思想在道家文化中贯彻始终,并在社会中发挥着重要作

---

❶ 老子[M].汤漳平,王朝华,译注.北京:中华书局,2014:251.

❷ 老子[M].汤漳平,王朝华,译注.北京:中华书局,2014:253.

❸ 老子[M].汤漳平,王朝华,译注.北京:中华书局,2014:191.

❹ 庄子[M].方勇,译注.北京:中华书局,2015:125.

用。引申到治国，"无为而治"即以制度（可理解为"道"中的规律）治国，以制度约束臣民的行为，臣民均遵守法律制度。"无为而治"并不是什么也不做，而是不过多地干预、充分发挥万民的创造力，做到自我实现。西汉初年的无为而治，其实就是通过实施一系列的政策来休养生息，恢复国家的经济和民生。它告诉我们，在管理国家、治理社会以及家庭生活等方面，都应该注重顺应自然、尊重规律，不过度干预和强制。只有这样，才能实现社会的和谐与进步，让每个人都能得到自由而全面的发展。

同时，"无为而治"的思想也给我们提供了一种生活态度和人生哲学。它告诉我们，在追求事业成功和个人幸福的过程中，应该保持内心的平静和淡泊名利的心态，不被外物所扰，不随波逐流。只有这样，才能真正实现个人的价值和意义，获得内心的满足和真正的幸福。

总之，"无为而治"思想不仅仅是一种治理理念，更是一种顺其自然的生活态度。老子的"无为而治"思想在治国、修身、社会治理等多个领域都有所体现。它不仅仅是一种政治理念，更是一种生活方式和社会实践方式。在当今社会，这一思想在优化社会治理、维护社会秩序、协调国际关系等方面仍然具有重要意义。作为道家文化的核心智慧，"无为而治"思想体现了人与自然、人与社会和谐共生的深刻理念。这一思想在现代社会中仍然具有重要的现实意义。我们应该以一种辩证的态度去理解和应用"无为而治"的理念，吸取其精髓，以便更好地应对生活中的挑战和困境。通过这种方式，我们可以促进社会和个人的自由、全面发展，构建一个更加和谐美好的世界。

第三，天人合一。"天人合一"一词，最早由北宋思想家张载在《正蒙》中提出这一命题，但其思想根源可追溯至更早时期。作为中国哲学史上的珍贵遗产和核心思想，"天人合一"具有深远的历史背景，在中国思想文化中占据着主导地位。这一思想将人与万物视为有机不可分割的整体，其本质上是一种"体认自然"和"敬畏自然"的思想，追求一种人与自然的和谐相处和共生共

存。《诗经·大雅·烝民》曰："天生烝民,有物有则。民之秉彝,好是懿德。"❶

第四,中国哲学史上,讲"天人合一"的哲学家很多,且各家思想不同,道家对于"天人合一"思想的形而上思考具有独特性和深刻性,对中国哲学史产生了深远的影响。春秋战国时期,道家、儒家以及墨家等对上述问题都有过较为朴素的论证,这些论证构成了中国古代"天人合一"思想的起源。道家的代表人物老子最先对"天人合一"的观念进行了阐释,他提出"人法地,地法天,天法道,道法自然",认为天、地、人三者密不可分,人要实现与自然的和谐统一发展,达到"物我为一"的最佳状态,就必须遵循客观自然规律。老子将"道"提升至形而上的地位,认为'道'是宇宙万物的根本,甚至连天地都是由道而来。故老子有言:"天地不仁,以万物为刍狗。"❷这句话揭示了天地万物的自然属性,没有情感和道德的偏见,不具有人格特征,一切都按照"道"的法则运行。对于人类而言,应该顺应自然规律,而不是过度强调个人的欲望和意志。与老子不同,儒家的代表人物孔子则强调了人的道德主体性。他认为,人可以通过修养自身的道德,实现与天地的合一。荀子认为天与人是相通的,自然界的变化和人的命运、品德修养都有密切的联系。因此,人应该顺应自然规律,以达到天人合一的境界。同时,他也强调了人的主观能动性,认为人可以通过自身的努力来实现与自然的和谐共生。荀子在其《天论》篇中说:"天行有常,不为尧存,不为桀亡。"❸此句明言天道有其恒定的规律,非因人之善恶而有所改变。荀子又言:"天有其时,地有其财,人有其治"❹,此言天、地、人三者各有其职责和规律。天时变化,地生万物,人类则通过治理社会来实现与天地的和谐。人类应明了天地之道,并以此指导自身的行为,从而达到"天人合一"的境界。

道家的另一代表人物庄子则从"物无贵贱""万物一体"的视角,指出人与

---

❶ 诗经[M].王秀梅,译注.北京:中华书局,2015:708.

❷ 老子[M].汤漳平,王朝华,译注.北京:中华书局,2014:20.

❸ 荀子[M].方勇,李波,译注.北京:中华书局,2015:265.

❹ 荀子[M].方勇,李波,译注.北京:中华书局,2015:266.

自然之间是共生共存的关系。他主张人类社会的一切生产与生活活动都应顺应自然规律,遵循天理,符合天德,遵循自然法则的基本规律。在《庄子·天道》中,庄子提出"天人本无间,何奈合归一"。他深入阐述了天人合一思想,认为天道与人道本来是相通的。然而,由于物欲和功利的蒙蔽,人们常常自设障碍,导致天人分离。为了实现真正的和谐统一,庄子主张消除物欲,超越功利,以实现天人合一的境界。对于人生的意义和价值,庄子认为应该追求自由和无限,达到"逍遥游"的境界。他认为只有顺应自然、超越功利追求,才能摆脱物欲的束缚,实现真正的自由和无限。这种思想体现了庄子对于人生价值和意义的深刻洞察。同时,庄子认为真正的道理无法用语言来表达,只能通过内心的体悟来领悟。因此,他提倡人们要虚心谦虚、静心思考,以达到心灵的净化和升华。通过这些路径,庄子认为可以达到"天地与我并生,万物与我为一"的境界。这不仅体现了人与自然的和谐统一,也揭示了人类与宇宙的紧密联系。这种思想对于我们今天处理人与自然的关系仍具有重要的启示意义。

在道家看来,人与自然、人与宇宙之间的关系是紧密相连、互相依存的。人作为自然界的一部分,与自然界、宇宙是一体的。因此,道家着重强调人与自然和谐相处,要追求与自然、宇宙的和谐统一。这种思想深刻反映了道家对于人与自然关系的深刻认识和对于自然界的敬畏与尊重。中国哲学中的这种"天人合一"理念和西方国家的"天""人"二元对立的观点是截然不同的。受宗教观念的影响,西方文化认为宇宙万物是由上帝创造出来的,这种思维模式导致他们更加注重"人"的独立性和主观性,从而造成了人同自然,即人同"天"相割裂的思维模式。这一模式的后果即是工业文明所引发的全球生态环境问题。恩格斯曾经告诫过:"我们不要过分陶醉于我们人类对自然界的胜利。对于每一次这样的胜利,自然界都对我们进行报复。每一次胜利,起初确实取得了我们预期的结果,但是往后和再往后却发生完全不同的、出乎意料的影响,常常把最初的结果又消除了。"❶保护生态,已经成为全球人类面临的重大问题。"而要保护生态,最核心的是要改变过去征服自然的心态,抛弃人类中心主义的自大心理,善待自然。"❷因此,我们深思道家"天人合一"理念,汲取其生态环境保护的思想,对当代社会现实问题的解决是大有裨益的。

"天人合一"的思想对于构建社会主义和谐社会提供了宝贵的启示。在当今社会,随着经济的迅猛发展和科技的日新月异,人类的需求日益增长,对自然资源的过度开发和利用愈演愈烈。汤一介指出,"为什么现在'天人合一'思想受到大家的重视,我想和当今发生的'生态'危机有关。"❸为了实现人与自然的和谐共处,推动社会的可持续发展,我们应当借鉴"天人合一"的思想,尊重大自然的规律和规则,顺应自然的发展趋势,合理利用自然资源,切实保护生态环境。只有这样,我们才能确保人类与自然之间的和谐共生,实现可持续发展,为子孙后代创造一个繁荣而美好的未来。

"天人合一"的思想不仅对构建社会主义和谐社会具有重要指导意义,对于提高个人思想境界和个人修养也具有深远的影响。在当今社会,全球化和改革开放的推进,以及信息技术的迅猛发展,使得人们面临各种复杂信息的冲击,诱惑日益增多,许多人往往追求物质享受和功名利禄,却忽视了内心深处的平静和真正的幸福。

总之,"天人合一"是道家追求的理想境界,也是道家哲学的重要组成部分。"这一思想不仅在古代具有重要意义,在现代社会也同样具有深刻的启示作用。它提醒我们要尊重自然环境、保护自然资源、追求人与自然的和谐统一,才能实现人类社会的可持续发展。同时,"天人合一"的思想也启示我们要追求内心的平静和自由,要顺应自然的规律和本性,不要过度追求功名利

---

❶ 恩格斯.自然辩证法[M]//韦建桦.马克思恩格斯选集:第3卷.中共中央马克思恩格斯列宁斯大林编译局,编译.北京:人民出版社,2012:998.

❷ 詹石窗,谢清果.中国道家之精神[M].上海:复旦大学出版社,2009:260.

❸ 汤一介.中国传统文化的特质[M].乐黛云,杨浩,编.上海:上海教育出版社,2019:116.

禄和物质享受,要保持一颗平常心和淡泊名利的心态。只有这样,才能达到一种超脱世俗的境界,实现个人的人生价值和意义。

三、道家文化的影响

道家文化对中国历史和文化产生了深远的影响,它"不仅是一根本性的哲学命题,而且构成了中国哲学的一种思维模式"[1]。道家对理想社会政治制度以及对个人生命处境的关注影响了许多中国古代和现代的政治决策、社会习俗和个人的生活方式。首先,道家文化在政治上主张无为而治,这种思想影响了中国政治制度的演变和发展。其次,在文学艺术方面,道家追求自然和谐的生活方式,这种思想影响了中国的诗歌、绘画、园林等艺术形式。最后,在伦理道德方面,道家强调个人的内心修养和德行,这种思想影响了中国的道德观念和行为规范。在现代社会中,我们仍然可以从中汲取智慧,探索道家文化在当今社会中的价值和意义。

第三节　墨家文化

墨家文化,源于中国春秋战国时期,由墨子(约公元前480年至公元前420年)创立,是中国古代四大学派之一。它以其独特的哲学理念、卓越的科学技术和非凡的艺术造诣,对后世产生了深远且广泛的影响。孟子曾说:"天下之言不归杨则归墨"[2],法家代表韩非子称儒家和墨家为"世之显学",反映了当时杨朱学派和墨家学派在思想界的巨大影响力。尽管历史上墨家文化的影响力不如儒家、道家和法家,但其强调和平、普遍爱和实用主义的哲学观,以及崇尚科学的精神,仍具有深远的价值。

---

[1] 汤一介.中国传统文化的特质[M].乐黛云,杨浩,编.上海:上海教育出版社,2019:111-112.

[2] 孟子[M].方勇,译注.北京:中华书局,2015:121.

一、墨家文化的起源和发展

墨家文化的起源可以追溯到春秋战国时期,这也是中国社会由奴隶制向封建制转变的大动荡时期。这是一个充满变革和思想动荡的时代,催生了儒家、道家、墨家和法家等众多思想流派,共同铸就了中国思想史上的璀璨篇章。在那个时代,墨家的影响力与儒家并驾齐驱,二者并称为"显学"。韩非子曾如此评价:"世之显学,儒、墨也。儒之所至,孔丘也。墨之所至,墨翟也。"❶这无疑展现了墨家文化在春秋战国时期的显著地位。然而,随着历史的变迁,墨家文化的影响力逐渐减弱,逐渐湮没在历史的洪流中。

墨家学派的创始人墨翟,世人尊称墨子。在《淮南子》的记载中,墨子在幼年时曾师从儒家,学习儒家的思想和礼仪。然而,随着对世界的认知逐渐深化,墨子开始质疑儒家的生活方式和价值观,并逐渐与之疏离。墨翟推崇夏、殷之政,强调要学习大禹的刻苦俭朴精神,恢复殷人的传统。与儒家不同,墨子认为社会的和谐不应建立在等级制度和繁文缛节之上,而应该建立在平等和互助的基础上。他否定了儒家的"其君用之,则安富尊荣"❷的理念,认为合格的社会的领袖应该"乐民之乐者,民亦乐其乐;忧民之忧者,民亦忧其忧"❸,只有这样才能够达到"足食,足兵,民信之矣"❹的社会形态。简而言之,墨子认为领袖应以民为本,与民同乐,共担困苦。他的思想颠覆了传统的儒家观念,为墨家文化的形成奠定了基础。

墨子是一位平民出身的思想家,深入体验了社会底层的艰辛。他深知百姓的疾苦,因此他的思想充满了对平民的关怀。墨家文化的核心理念包括兼爱、非攻、尚同、节用等思想。兼爱是指无差别的爱,不分亲疏远近,对所有人都应一视同仁;非攻则强调反对战争和暴力行为,主张和平共处;尚同则主张

---

❶ 韩非子[M].张觉,译注.武汉:崇文书局,2022:963.

❷ 孟子[M].方勇,译注.北京:中华书局,2015:273.

❸ 孟子[M].方勇,译注.北京:中华书局,2015:26—27.

❹ 论语译注[M].杨伯峻,译注.北京:中华书局,2017.

社会上所有人应该有共同的信仰和价值观;节用主张节约、节俭,反对浪费和过度消费。这些理念体现了墨家对理想社会的具体规划和期望。

墨子的思想,深深扎根于历史的长河中。他的理念并非凭空产生,而是有其深厚的文化根源。一种普遍的观点是,墨子的思想受到了尧舜的深远影响。尧舜是传说中的古代圣王,他们以仁爱治国,深受百姓爱戴。他们的治国理念和道德观念,成为后世墨子等思想家的思想基石。墨子主张"兼爱非攻",这一思想在很大程度上受到了尧舜的仁爱思想的影响。韩非子曾说:"孔子、墨子具道尧舜,而取舍不同,皆自谓真尧舜,尧舜不复生,将谁使定儒、墨之诚乎?"[1]"在韩非看来,儒、墨的思想渊源都可以追溯到尧、舜,所不同的只是各自选择的出发点不同。"[2]另一种观点认为,墨子的思想来源于禹。《庄子·天下》篇中提到:"墨子称道曰:'昔禹之湮洪水,决江河而通四夷九州也,名山三百,支川三千,小者无数。禹亲自操橐耜而九杂天下之川。腓无胈,胫无毛,沐甚雨,栉疾风,置万国。禹大圣也,而形劳天下也如此。'"[3]墨子认同并赞美禹的治水功绩和勤俭节约的精神,因此他推崇禹并认为他是值得效仿的榜样。《墨子·尚贤尚》中也写道:"故古者尧举舜于服泽之阳,授之政,天下平;禹举益于阴方之中,授之政,九州成;汤举伊尹于庖厨之中,授之政,其谋得;文王举闳夭泰颠于置罔之中,授之政,西土服。"[4]又写道:"得意贤士不可不举,不得意贤士不可不举。尚欲祖述尧舜禹汤之道,将不可以不尚贤。夫尚贤者,政之本也。"[5]

在历史演进中,墨家思想逐渐形成了一套完整的思想体系,成为了一个有领袖、有学说、有组织的学派。他们秉持强烈的社会实践精神,深信社会的混乱与战争的根源在于人们过于关注自身利益,而缺乏博爱与平等的观念。

---

[1] 韩非子[M].张觉,译注.武汉:崇文书局,2022:963.

[2] 李亚彬.中国墨家[M].北京:中国人民大学出版社,2019:22.

[3] 庄子[M].方勇,译注.北京:中华书局,2015:572.

[4] 墨子[M].方勇,译注.北京:中华书局,2015:52.

[5] 墨子[M].方勇,译注.北京:中华书局,2015:54.

因此墨家认为,只有当人们真正相爱、互相关心,才能消除社会矛盾,实现长治久安。在政治层面,墨家主张尚同,认为天下的君主应该由贤能之士来担任,而不是根据血统或出身来决定。他们认为,贤能的统治者能够真正造福于民,实现社会的和谐与进步。此外,墨家也反对奢侈浪费和过度享乐,主张节俭生活,将财富主要用于满足人民的基本生活需求和社会公益事业。除了社会伦理和政治主张外,墨家在科学技术方面也有突出的贡献。他们注重实用主义,发明了许多实用的工具和器械,以及各种军事防御器械。这些发明为当时的社会提供了重要的技术支持。

然而,随着时代的演变,墨家学派的地位逐渐衰落。在墨子离世后,墨家学派开始出现分化,形成了多个不同的派别。《韩非子·显学》记载:"自墨子之死也,有相里氏之墨,有相夫氏之墨,有邓陵氏之墨。故孔、墨之后,儒分为八,墨离为三,取舍相反不同,而皆自谓真孔、墨,孔、墨不可复生,将谁使定世之学乎?"❶墨家学派在之后的发展中,不仅在自然观上作出了唯物主义的解读,还在认识论上有了新的突破,承认物质世界的可知性,从而克服了狭隘的经验论的局限性。这些派别在战国中后期活跃于不同的地域,对于墨家思想的发展和传播作出了重要的贡献。秦汉以后,儒家思想逐渐成为主流思想,墨家思想的影响力逐渐减弱并消失。究其原因,一方面是墨家学派的政治主张与当时的统治者不太相符;另一方面是墨家学派的组织形式相对松散,缺乏有效的传承机制。

总之,墨家文化作为中华优秀传统文化思想的重要一脉,其深邃的思想内涵和现代社会的启示作用不容忽视。墨家的发展历程不仅仅是一个学派的兴衰史,更是中国传统文化多元发展的一个缩影。在这个过程中,墨家思想在多个方面都作出了重要的贡献,包括自然观、认识论和政治思想等方面。虽然墨家学派在历史上的影响力逐渐减弱,但其思想仍然为后世提供了宝贵的思想资源和智慧启示,影响了人们对社会、政治和伦理的认知与思考。

---

❶ 韩非子[M].张觉,译注.武汉:崇文书局,2022:963.

二、墨家文化的核心思想

墨家文化内涵深厚,影响深远,其核心思想包括兼爱、非攻、尚同、尚贤、节用、节葬等。这些思想主张和行为准则构成了墨家文化的核心内容,体现了一种强调和平、普遍爱和实用主义的哲学观,凸显了墨家对理想社会的追求与憧憬。

第一,兼爱、非攻。墨家学派的核心理念是兼爱、非攻。墨家认为,人人应该平等,无差别地爱每个人,不分亲疏远近。墨子认为,"若使天下兼相爱,国与国不相攻,家与家不相乱,盗贼无有,君臣父子皆能孝慈,若此则天下治。"❶这句话充分体现了墨家的兼爱非攻思想,以及他们对和平、公正、和谐社会的向往和追求。

兼爱,作为墨家的核心理念,强调的是人与人之间的互相关爱与和谐共处。他们深信,"爱人者,人必从而爱之;利人者,人必从而利之;恶人者,人必从而恶之;害人者,人必从而害之"❷,这一理念强调的是通过相互的友好和爱心来减少战争和冲突。墨家认为,只有当人们真正相爱、互相关心,才能消除社会矛盾,实现长治久安。

墨家也坚决反对战争和暴力行为。他们提出"非攻"的原则,主张避免使用武力和战争来解决争端,强调和平共处。在他们看来,战争只会带来痛苦和破坏,而和平和兼爱才是实现社会和谐与进步的必要条件。为了践行这一理念,墨子及其弟子后学不畏艰险,奔波于列国,宣扬和平以组织战争。墨子听说公输盘为楚国制造了云梯,准备用来攻打宋国。他深感担忧,因为在他看来攻打无罪的宋国是不明智的,也是不仁慈的一种行为。于是他前往楚国,试图阻止这场战争。墨子质问道:"吾从北方闻子为梯,将以攻宋。宋何罪之有?荆国有余于地,而不足于民,杀所不足,而争所有余,不可谓智。宋

---

❶ 墨子[M].方勇,译注.北京:中华书局,2015:122.

❷ 墨子[M].方勇,译注.北京:中华书局,2015:127.

无罪而攻之,不可谓仁。知而不争,不可谓忠。争而不得,不可谓强。义不杀少而杀众,不可谓知类。"❶这个典故展示了墨子对于兼爱与和平的坚定信仰,以及他不畏艰难、为了正义而奋斗的精神。

同时,墨家认为,侵略战争对于侵略者来说同样是得不偿失。"居处之不安,食饭之不时,饥饱之不节,百姓之道疾病而死者,不可胜数;丧师多不可胜数,丧师尽不可胜计,则是鬼神之丧其主后,亦不可胜数。"❷墨子沉痛于战争给人们带来的痛苦和灾难,认为只有通过兼爱、非攻的方式,才能实现真正的和平和繁荣。因此,他们提出了"兼相爱,交相利"的理念,认为只有通过相互关爱和利他主义的实践,才能实现真正的利益和幸福。

墨子的兼爱、非攻思想体现了其热爱和平、心系万民的深厚情怀。他希望通过兼爱消除社会矛盾,通过非攻避免战争的破坏,为百姓谋求和平与安乐。但是,"如果结合墨子当时的社会历史条件来看墨子的反对战争的思想,就会发现他的主观愿望和历史发展的道路是存在着矛盾的"❸。因为中国历史的发展是从分散割据走向集中统一,墨子的兼爱、非攻理念虽然美好,但在实际历史进程中,战争往往成为推动国家统一和发展的必要手段。

第二,尚同尚贤。尚同是墨家文化的政治哲学,这一理念主要关注于社会秩序的构建和维护。它主张全体人民的思想和行动应当保持一致,即下级应当与上级的意志和决策保持统一,如此逐级上同,并最终统一于天,从而实现全社会的思想和行动的和谐统一。尚同也含有道德规范的内涵,它引导人们以圣王为榜样,遵循既定的道德准则,实现个人行为的协调统一,并促进社会的和谐安宁。通过这种方式,人们可以形成共同的价值观念和行为准则,推动社会的进步和发展。这一思想凸显了墨子对社会稳定和良好秩序的深切关注。在墨子看来,"尚同为政之本而治之要也"❹。为什么这么说?墨子

---

❶ 墨子[M].方勇,译注.北京:中华书局,2015:469.

❷ 墨子[M].方勇,译注.北京:中华书局,2015:157.

❸ 任继愈.墨子与墨家[M].北京:北京出版集团公司,北京出版社,2016:29.

❹ 墨子[M].方勇,译注.北京:中华书局,2015:118.

认为:"古者民始生,未有刑政之时,盖其语,人异义。是以一人则一义,二人则二义,十人则十义,其人兹众,其所谓义者亦兹众。是以人是其义,以非人之义,故交相非也。"❶每个人对"义"的理解是不一样的,这种多元的观念会造成人与人之间的相互否定和攻击,不利于社会秩序的稳定。因此,墨子强调:"今天下之王公大人士君子,请将欲富其国家,众其人民,治其刑政,定其社稷,当若尚同之不可不察,此之本也。"❷

如何治理好一个国家,实现尚同?墨子认为关键在于尊重人才、重用人才,即"尚贤"。墨子认为贤良之士是"国家之珍,社稷之佐"。他强调,一个优秀的政府官员不仅需要具备出众的才干,还需要拥有高尚的道德品质。因此,墨子提倡从全社会范围内选拔贤能的人才,不论其出身背景如何,只要具备才德,他们都有平等的机会展现自己的才华,有资格进入政府为国家服务。这种理念旨在打破社会阶层和身份的限制,为人才提供平等的机会和平台,以实现其真正的价值和才华,从而达到良好的社会治理。在《墨子•尚贤上》中,他明确指出:"故古者圣王之为政,列德而尚贤,虽在农与工肆之人,有能则举之,高予之爵,重予之禄,任之以事,断予之令。"❸这种选拔和任用贤才的坚定立场,打破了传统的社会阶层和身份限制,为人才提供了平等的机会和平台。在《墨子•尚贤中》,他进一步提出了尚贤使能的原则:"故古者圣王甚尊尚贤而任使能,不党父兄,不偏贵富,不嬖颜色。贤者举而上之,富而贵之,以为官长;不肖者抑而废之,贫而贱之,以为徒役。"❹通过这些措施,墨子期望建立一个公正、平等、有能力的政府,为国家的发展和人民的福祉作出贡献。

尚贤与尚同是相辅相成的,二者共同构成了墨子政治哲学中的核心思想。尚贤强调的是尊重和任用贤能之士,以推动国家的治理和发展。而尚同则强调思想的统一和行动的一致,即全社会在价值观和行为准则上的共同认

❶墨子[M].方勇,译注.北京:中华书局,2015:84.

❷墨子[M].方勇,译注.北京:中华书局,2015:106.

❸墨子[M].方勇,译注.北京:中华书局,2015:52.

❹墨子[M].方勇,译注.北京:中华书局,2015:56.

同。尚贤的实现有助于推动尚同的达成。同时,尚同的理念也为尚贤提供了必要的保障和支持。墨子认为,"尚贤"并不是他的最终目的。"尚贤"是为了达到"尚同"。通过选拔和任用贤能之士,墨子期望能够引导社会形成共同的价值观念和行为准则,从而实现社会的和谐与进步。在这个过程中,尚贤与尚同相互依存、相互促进,共同构成了墨子政治哲学中的核心思想。

尽管墨子的尚同、尚贤思想在当时具有前瞻性,但由于所处时代的限制,这些思想在客观性方面确实存在过于理想化的问题。墨子认为,"'天'是有意志、有感情的人格神,能够赏善惩恶、降幅消灾"❶。因此,君主的权力需要受到天的制约,强调天子不能违背"上天"的意志,这种观点带有一定的唯心主义色彩。此外,尚同、尚贤思想在具体的行政措施方面显得较为简略。然而,墨子的这些思想展现了中国最早的民主选举政治启蒙思想,为后来的政治发展提供了宝贵的启示。尽管存在局限性,但墨子思想在中国政治思想史上具有重要的地位和深远的影响。

第三,节用节葬。节用节葬是墨子经济思想的重要内容。墨家反对奢侈浪费和过度葬礼,认为财富应该用于满足人民的基本生活需求和社会公益事业,而不是用于个人享乐和奢侈消费。这种节俭、节用的思想体现了墨家对经济实用主义和公共利益的重视。

墨子的这种思想见于他对统治者的劝诫,希望推行"尚贤"的为政措施。那个时代,战乱频仍、社会动荡,墨子以百姓的"三患","饥者不得食""寒者不得衣""劳者不得息",与统治阶级不劳而获、极度奢侈的生活进行对比,"虚其府库以备车马衣裘奇怪;苦其役徒以治宫室观乐""死又厚为棺椁,多为衣裘"❷。墨子深知这种不公正不平等的状况是对社会稳定和人民福祉的严重威胁。基于"人民之大利"的立场,墨子提出"节用"思想,反对铺张浪费。他认为,可以通过节约开支,避免统治阶级的浪费,从而让财力和物力得到更加

---

❶ 李亚斌.中国墨家[M].北京:中国人民大学出版社,2019:70.

❷ 墨子[M].方勇,译注.北京:中华书局,2015:32.

合理的利用。这样不仅可以减少人民的负担,还可以增加社会的财富和福利。墨子还创造性地提出了人人都需依靠劳动才有所得的理念。在《非乐上》,墨子明确提出"赖其力者生,不赖其力者不生"❶。这意味着,只有通过自己的努力和劳动,人们才能获得真正的生存和发展机会。

墨子对于节用的原则有着明确的主张,他提出"其用财节,其自养俭,民富国治"❷。意思是节约财用,自我节俭,那么百姓就会富裕,国家也会安定繁荣。关于节用的方法,墨子提议:"凡天下群百工,轮、车、鞼匏、陶、冶、梓、匠,使各从事其所能;曰:凡足以奉给民用则止,诸加费,不加于民利者,圣王弗为。"❸

墨家不赞成儒家的"厚葬久丧"主张,墨子主张节葬短丧。认为长时间的守丧会导致人的身体虚弱,进而影响正人的正常工作。对于普通百姓来说,过度的丧期会耽误农民农耕和工匠的制作。对王公大臣来说,则耽误社会治理,给国家带来不良影响。此外,守孝期间不宜婚嫁,又会间接导致人口减少。如此种种弊端最终不利于社会财富的增加,甚至可能会对国家的安全构成威胁。

此外,墨家文化还包括天志明鬼、非命非乐以及实用主义等思想。由于受历史条件的限制,墨家文化也存着一定的阶级局限性和时代局限性。例如,它过分强调实用主义,忽略了道德和人文精神的重要性;其天志明鬼的观念也带有神秘主义色彩,不符合科学理性精神。尽管如此,墨家文化仍然具有很高的历史和文化价值。

总的来说,墨家文化崇尚兼爱、非攻、节俭、勤劳和科学,其思想主张和行为准则都体现了对和谐、平等的追求。虽然墨家文化的影响力已经逐渐减弱,但其思想精华仍然对后世产生了深远的影响。在现代社会中,我们仍然可以发掘墨家文化的思想精髓,将其应用于现代社会的发展和建设中。例

❶ 墨子[M].方勇,译注.北京:中华书局,2015:279.

❷ 墨子[M].方勇,译注.北京:中华书局,2015:39.

❸ 墨子[M].方勇,译注.北京:中华书局,2015:187.

如,在当今社会中提倡节俭、反对奢侈浪费的生活方式;尊重人才、推崇贤能的人才观;注重实用主义、反对华而不实的消费观念等都可以借鉴和学习墨家文化的思想精髓。在继承墨家文化的过程中,我们也需要进行批判性的思考,取其精华、去其糟粕。只有这样,我们才能将墨家文化的思想精髓与现代社会的价值观和理念相结合,推动社会进步和发展。

三、墨家文化的影响

墨家思想在中国古代思想史上产生了深远的影响。首先,它打破了儒家思想一统天下的局面,为古代思想界注入了新的活力。其次,墨家提出的兼爱、非攻等理念对后世产生了积极的影响,成为中华民族传统美德的重要组成部分。最后,墨家在科学技术方面的贡献推动了中国古代科技的发展,为中国古代社会的进步作出了重要贡献,也为后世的科学研究和技术创新提供了重要的基础。

在现代社会,墨家文化仍然有重要的价值。首先在道德层面,墨家所倡导的"兼爱""非攻"等理念对我们树立正确的价值观具有深远影响。面对当下社会中出现的道德问题和伦理挑战,墨家文化为我们提供了宝贵的道德指南和解决方案。其次,墨家文化所蕴含的科学和创新精神,对当前推动科技创新具有积极的启示作用。站在新的历史起点上,深入挖掘墨家文化的人文精神和科技精神,实现传统与现代的有效融合,为推动人类的发展和进步作出贡献。

第四节 法家文化

法家文化作为中国古代哲学思想的重要流派,着重强调法律和法治的核心价值。它以推动变革和富国强兵为目标,主张通过法治和严刑峻法来维护社会秩序,巩固统治者的权力。由于其重视功利性和实效性,法家思想在秦国得到了采纳,进而建立了中国历史上首个统一的大国。"作为实践者,法家鄙视空谈,强调现实。"❶法家的核心思想,如锐意改革、提倡以"法制"替代"礼制",以及强化封建君权等观念,对封建社会的发展起到了重要的推动作用。此外,法家文化的多个方面,包括其法律思想、法律制度和法律教育等,都对现代法治产生了深远的影响。这些影响不仅体现在法律制度的构建上,更深入到现代社会的法律思维和实践中。尽管法家文化强调对社会的严格控制和压制个人自由,这在一定程度上限制了社会的自由发展,但它仍为中国封建社会的稳定和发展作出了积极贡献。

一、法家文化的起源和发展

法家文化是中国的重要思想流派之一,其起源可以追溯到春秋战国时期,以韩非子、商鞅等人为代表。这一时期,社会经历着划时代的大变革,周王室衰微,诸侯争霸,各种思想流派也应运而生。法家思想就在这样的背景下诞生,并逐渐发展成为一套完整的理论体系。

法家思想的产生,与当时的社会政治状况密切相关。随着井田制的瓦解和封建经济的兴起,社会关系和经济结构发生了深刻变化。这一时期,道家"无为而治"思想已经不合时宜,"各路诸侯国想的都是如何有为,因为'无为'就会面临着亡国的危险。"❷为了生存和强大,各诸侯国必须有所作为。儒家的"仁爱"和"礼治"观念也难适应新的形势,而墨家的"兼爱""非攻"观念过于理想化,也无法应对当时的现实问题。在这种社会背景下,各诸侯国对改革的迫切需求催生了新思想的产生。法家主张以法治国,强调法律制度的重要性,为各国变法改革提供了重要的思想基础。法家思想的出现,不仅适应了

❶ 高路.法家第一课[M].北京:中国国际广播出版社,2017:4.

❷ 孙开泰.法家史话[M].北京:社会科学文献出版社,2011:17-18.

当时社会发展的需要,也为后来的统一国家奠定了法律和制度的基础。

在法家思想的起源阶段,管仲、子产等人是重要的代表人物。他们主张以法治国,注重法律制度的建设和完善,强调法律在维护社会秩序、促进国家发展中的重要作用。管仲在齐国的改革,是法家思想实践的早期代表,他推行了一系列法律制度,强化了中央集权,促进了齐国的发展。管子明确指出,"仁义礼乐者,皆出于法"❶,强调了法律的重要性和普遍适用性。同时,他还提出:"法者,天下之程式也,万事之仪表也。"❷即法律是衡量天下万事的准则,是规范人们行为的尺度。此外,管子还提出:"有生法,有守法,有法于法。夫生法者,君也;守法者,臣也;法于法者,民也。"❸认为制定法律的是君主,执行法律的是臣子,而普通百姓则要遵守法律。这段话表明了管仲对法律在国家治理中的重要性的深刻认识。子产的法制思想主张礼刑并重,强调法律在治理国家中的重要性。他认为礼和法是相辅相成的,二者缺一不可。

到了战国时期,法家思想得到了进一步的发展和完善。这一时期的代表人物包括李悝、商鞅、韩非子等人。他们不仅继承了前期法家思想的基本观点,还进一步发展了以法治国、强化国家权力等思想。其中,李悝被认为是法家文化的创始人。他所著《法经》对后世影响极为深远。《法经》是中国历史上第一部封建法典,这一著作的面世标志着法家学派的产生。这一著作体现了李悝是"把保护封建私有制作为首要任务来完成的"❹《法经》的另一个显著特点是"在破坏奴隶制等级制的同时,又以法律为手段,建立并维护一套新的封建制的等级制"❺。

商鞅在秦国的变法是这一时期法家思想实践的典型代表。他推行了严格的法律制度和一系列社会改革,强化了中央集权和国家对经济的控制,使

---

❶ 管子[M].李山,轩新丽,译注.北京:中华书局,2019:696.

❷ 管子[M].李山,轩新丽,译注.北京:中华书局,2019:900.

❸ 管子[M].李山,轩新丽,译注.北京:中华书局,2019:699.

❹ 孙开泰.法家史话[M].北京:社会科学文献出版社,2011:25.

❺ 孙开泰.法家史话[M].北京:社会科学文献出版社,2011:26.

秦国成为战国时期最强大的国家之一,为后来秦统一六国打下了基础。"商鞅是法家学派中成绩最辉煌的一位,他把法家的实践推到了历史的最高点,为秦国最终完成统一中国的大业立下了不可磨灭的功勋。"❶商鞅坚信法律在国家治理中的核心地位,他主张法律应与时俱进,适应时代的发展。同时,他强调刑法在维护社会秩序和安定中的重要作用。在他看来,法治是一个遵循规则和法律进行治理的过程,是确保社会和谐稳定的关键。通过实施法治,可以有效地防止暴力冲突,并保障公平和正义。商鞅的政治目标非常明确,他始终将国家富强置于首位。为了实现这一目标,他认为必须重视农业和战争,奖励农业和战争的成果,积极发展农业和加强军事力量。在推行法律改革后,商鞅不遗余力地开展法律宣传和教育活动。他深知,法令的稳定性和连续性是维护其权威性和执行力的关键。因此,他设立了专门的官员来保管法令,严禁任何人擅自修改。为了确保民众对法令有深入的理解,商鞅安排了对法令有透彻理解的人进行讲解。更重要的是,商鞅强调有法必依,要求官吏严格依照法令办事,不论身份和职位高低,触犯法令者都会受到应有的惩罚。这种"轻罪重罚"的理念,使得民众对法令产生了更高的敬畏和重视。总的来说,商鞅的法制思想对秦国的崛起起到了至关重要的作用,是法家文化在历史上的卓越实践。这些思想和实践对后世的法制建设产生了深远的影响,对当今的法制建设仍具有重要的启示意义。

韩非则是战国末期法家思想的集大成者。"他将法家理论中的'法''术''势'三大部分融会贯通,对前辈法家的理论进行了具有历史意义的总结。"❷在法制思想方面,韩非强调了"以刑止刑",重视"严刑"和"重罚",认为这是维护法律权威和社会秩序的关键。同时,他也非常重视"势",即君主的权势,认为这是推行法律和政策的重要保障。韩非提出了"抱法处势则治,背法去势则乱"❸的观点,强调了法律和君主权势的重要性。在法家思想的基础上,韩

---

❶ 孙开泰.法家史话[M].北京:社会科学文献出版社,2011:75.

❷ 孙开泰.法家史话[M].北京:社会科学文献出版社,2011:106.

❸ 韩非子[M].高华平,王齐洲,张三夕,译注.北京:中华书局,2016:355.

非第一次明确提出了"法不阿贵"的思想,主张"刑过不避大臣,赏善不遗匹夫"[1]。"这一理论当然要比奴隶制下'刑不上大夫,礼不下庶人'那样公开宣扬法的不平等性要进步得多了,同时也有效地维护了新兴地主阶级的利益,对当时中国历史的发展起了积极的作用。"[2]这一思想是对中国法治思想的重大贡献,更是对于清除贵族特权、维护法律尊严,产生了积极的影响。韩非综合了前期法家思想的各种观点,提出了"以法治国"的完整理论体系。韩非认为,法律是治国之本,必须得到严格执行。同时,他也强调了君主在治国中的重要性和必要性,提出了"君无为而臣有为"的思想,即君主应该以法治国为手段,让臣子们去执行具体的政务和事务。韩非继承了商鞅"治世不一道,便国不法古"的思想传统,提出了"不期修古,不法常可"的观点,主张"世异则事异","事异则备变",强调时代变化需要相应的法律变革。如果一味地效法古代,则"非愚则诬"。韩非的这些思想为后世的法制建设提供了重要的理论支持和实践指导。

到了汉朝,虽然汉武帝采纳董仲舒的建议施行"罢黜百家、独尊儒术",但是黄老、法家、纵横等学说在社会中依然具有相当势力。而且就当时的社会背景看,纯粹靠儒学来治理国家显得不切实际。孔子所言"饭疏食饮水,曲肱而枕之,乐亦在其中矣。不义而富且贵,于我如浮云"[3]过于理想,并没有得到广泛认可。相反,法家文化的法制思想和依法治国的理念逐渐成为统治者实施政策的重要依据。事实上,法家思想在汉武帝制定国家政策时起到了至关重要的指导作用。"武帝的确实施了不少复兴儒学的举措,但是就其政策的实质而言,仍是自秦以来的法家思想。"[4]所以,自汉朝开始,中国的正统文化思想虽然是孔孟主导的儒家思想,但是法家文化已经渗透到治国理政的方方面面。在这种社会背景下,"礼法并用、德主刑辅的治世模式确立,并为中国封

---

[1] 韩非子[M].高华平,王齐洲,张三夕,译注.北京:中华书局,2016:51.

[2] 孙开泰.法家史话[M].北京:社会科学文献出版社,2011:124.

[3] 论语译注[M].杨伯峻,译注.北京:中华书局,2017:101.

[4] 杨玲.先秦法家在秦汉时期的发展与流变[M].北京:中国社会科学出版社,2017:186.

建社会长期使用"❶。这一模式强调了道德与法律的结合,以德治为主、法治为辅,成为中国古代社会治理的一大特色。

总的来说,法家文化强调法律和制度的重要性,主张以法治国、强化国家权力,反对传统的儒家的"仁政"和"礼制"理念。这种思想在当时的社会背景下具有很大的进步意义,也对中国古代的政治与法制体制产生了深远的影响。同时也为后世的政治实践与理论探讨提供了重要的思想资源。

二、法家文化的核心思想

法家文化,源于奴隶制社会向封建制社会转型的时期,当各诸侯国纷纷寻求变法图强之际,应运而生。虽然这一思想得到秦始皇的极力推崇,但是由于其理论内容的极端性及实践的残酷性使得法家学派很早便消亡了。"但法家学派的理论却已经渗透进了中国的法治体系之中,并对汉以后中国历代法制产生了极为深远的影响。"❷法家文化所内含的法制思想、刑无等级、君主集权等思想为后世提供了丰富的智慧和启示。

第一,以法治国。法家思想的核心是"以法治国",强调法律的至高无上和强制性。"相比德治的不确定性,法家认为以法治国最大的便利就在于把人为的不确定因素降到最低,只要制度完善,任何时候都不缺乏的中智之人就可以担当起治国重任,从而保证社会井然有序,世事为治世。"❸在他们看来,法律是维系社会秩序、保障人民权利的重要工具,所有人都必须严格遵守,不得有任何违反。法家反对传统的礼治观念和空洞的仁政理论,认为在当时复杂多变的社会环境中,礼治和仁政过于理想化,已经无法有效地解决各种问题。韩非子对儒家的"仁政"和"礼制"进行了严厉的批判,称之为"愚诬之学""贫国之教""亡国之言"。在《韩非子·五蠹》中,他指出:"儒以文乱法,侠以

❶ 杨玲.先秦法家在秦汉时期的发展与流变[M].北京:中国社会科学出版社,2017:206.

❷ 孙开泰.法家史话[M].北京:社会科学文献出版社,2011:138.

❸ 杨玲.先秦法家在秦汉时期的发展与流变[M].北京:中国社会科学出版社,2017:241.

武犯禁,而人主兼礼之,此所以乱也。"❶韩非子明确指出"言先王之仁义,无益于治"❷。此外,以法治国的思想强调客观、公正的法律制度在国家治理中的作用。韩非子认为:"治强生于法,弱乱生于阿,君明于此,则正赏罚而非仁下也。"❸只有通过明确的法律制度,才能确保国家的治理有章可循、有法可依,进而维护社会的秩序和稳定。

为了实现以法治国的目标,法家提出了一系列具体的政策和措施。首先,他们认为需要制定完善的法律体系,确保法律涵盖各个领域,做到有法可依。同时,法律必须具有明确性和可操作性,不能含糊其辞或难以执行。其次,法律的实施也需要得到有效的监督和保障,确保法律的权威性和公正性。韩非子在《韩非子·五蠹》中指出:"故明主之国,无书简之文,以法为教;无先王之语,以吏为师;无私剑之捍,以斩首为勇。"❹总之,法家思想主张以法治国、反对仁政和礼治、重视法律制度的明确性和可操作性、强调法律的至上性和强制性等方面,对于现代法治建设仍然具有重要的启示和借鉴意义。

第二,刑无等级。法家主张"刑无等级",即法律的适用范围应该涵盖所有阶层,不分贵贱、不论官吏百姓,都要受到法律的约束。他们认为,只有法律面前人人平等,才能维护社会的公平和正义。这种思想在当时的社会背景下是一种进步的观点。司马迁认为,法家思想的精髓在于"缘法而治者,吏习而民安之"❺。商鞅提出了"壹刑"与"明刑"两大原则,具体内容是:"所谓壹刑者,刑无等级,自卿相、将军以至大夫、庶人,有不从王令、犯国禁、乱上制者,罪死不赦。有功于前,有败于后,不为损刑。有善于前,有过于后,不为亏法。忠臣孝子有过。必以其数断。守法守职之吏有不行王法者,罪死不赦,刑及

❶ 韩非子[M].高华平,王齐洲,张三夕,译注.北京:中华书局,2016:375.

❷ 韩非子[M].张觉,译注.武汉:崇文书局,2022:975.

❸ 韩非子[M].高华平,王齐洲,张三夕,译注.北京:中华书局,2016:369.

❹ 韩非子[M].高华平,王齐洲,张三夕,译注.北京:中华书局,2016:686.

❺ 张大可.百家汇评本《史记》[M].北京:商务印书馆,2020:503.

三族。……故曰：明刑之犹至于无刑也！"❶简而言之，奖励和惩罚的实施不受身份、地位或关系的限制，每个人都受到同样的对待。商鞅的"刑无等级"理论，打破了过去奴隶制社会"刑不上大夫，礼不下庶人"的法制原则，这无疑是一个伟大的创举。在法律执行的实践过程中，商鞅认为官吏违法犯罪产生的危害远远大于老百姓。因此，所有官员都应秉持公正无私的态度，不得徇私枉法。

韩非进一步提出："法不阿贵，绳不挠曲。法之所加，智者弗能辞，勇者弗敢争。刑过不避大臣，赏善不遗匹夫。故矫上之失，诘下之邪，治乱决缪，绌羡齐非，一民之轨，莫如法。属官威民，退淫殆，止诈伪，莫如刑。刑重，则不敢以贵易贱；法审，则上尊而不侵。上尊而不侵，则主强而守要，故先王贵之而传之。人主释法用私，则上下不别矣。"❷韩非认为必须坚持法律的公正性，绝不容许对权贵有任何偏袒，否则法律将失去其存在的真正意义。作为战国时代法家思想的杰出代表，韩非的观念对秦王嬴政产生了深远的影响。

"刑无等级"反映了新兴地主阶级的要求。这一理念颠覆了当时社会中贵族与平民、官吏与百姓之间的法律界限。法家坚定地认为，法律应该是适用于所有人的，不论其身份地位如何，都应该受到法律的约束和制裁。法家的主要目的是限制和消除奴隶主贵族享有的法律特权，但并不打算废除所有的等级制度，他们依然认同等级制度的存在。然而，法家提出的"平等适法"理念，彻底颠覆了西周以来的"刑不上大夫，礼不下庶人"的传统观念。这一思想在历史上具有进步意义，为后世的反法外特权斗争奠定了理论基础。更为重要的是，它孕育了"法律面前人人平等"的法治思想的萌芽，为现代法治社会的建设提供了重要的启示。

第三，功利主义。法家推崇的是实用主义的功利主义治世之道，这一理念在追求德治和克己复礼的儒家看来或许并不高尚。然而，在长达两千多年

---

❶ 商君书［M］．石磊，译注．北京：中华书局，2016：149.

❷ 韩非子［M］．张觉，译注．武汉：崇文书局，2022：55.

的君主专制制度中,法家思想的影响却是不可磨灭的。法家不空谈崇高的理想,而是注重实际效果和利益,这种务实的精神使其在历史上具有重要的地位。同时,法家不仅停留在理论层面,更是积极投身于社会实践之中,通过实际行动来践行其理念。这种实践精神使得法家思想在历史上发挥了重要的作用,为后世提供了宝贵的启示。

法家认为,社会中的每个人都是独立的个体,有着各自的利益和目标。然而,个人的利益与国家的利益并不相互冲突。相反,通过法律的规范和指导,可以有效地调和两者。基于此,法家强调功利主义,主张在追求个人利益的同时,应最大化国家的整体利益。法家学派特别强调实际利益和功利主义,他们认为人们的行为和决策主要受到利益的驱使。这种观点有其现实基础,因为人们往往会为了追求更好的生活、更大的权力或更高的社会地位而行动。在法家看来,只有当人们明确地看到行为的实际利益时,才会积极主动地行动。法家认为,社会的进步和发展是以功利为基础的,个人的利益和社会的利益是相互促进的。因此,法家文化主张以功利主义为导向,通过实现个人利益来推动社会的发展和进步。

道义论与功利论的相互交织是中国传统文化的特点之一。法家的功利主义思想以人本主义为逻辑前提,认为人性自私,这是其哲学基础。在此基础上,法家强调人们对利益的追求是其思想的核心。为了实现这一核心思想,法家主张以法制利,并以此作为其显著特征。法家诸子中,管仲第一个提出了"以人为本"的思想。他说:"夫霸王之始也,以人为本。本理则国固,本乱则国危。故上明则下敬,政平则人安,士教和则兵胜敌,使能则百事理,亲仁则上不危,任贤则诸侯服。"❶同时,管子又提出了"人性悍"的命题,他说:"人故相憎也,人心之悍,故为之法。法出于礼,礼出于治,治、礼、道也。万物待治、礼而后定。"❷意思是说,人性是恶的、自私的,所有的事物都需要经过治

---

❶ 管子[M]. 李山,轩新丽,译注. 北京:中华书局,2019:434.

❷ 管子[M]. 李山,轩新丽,译注. 北京:中华书局,2019:223.

理、礼仪的规范才能稳定下来。也就是说,社会的稳定需要建立在良好的治理、礼仪和法律的基础上。商鞅的变法思想也是以人性恶为前提的。在《商君书·开塞》中提出:"古之民朴以厚,今之民巧以伪。故效于古者,先德而治;效于今者,前刑而法。此俗之所惑也。"❶韩非在总结各家思想的基础上明确提出了人性自私论。他说:"人无羽毛,不衣则不犯寒;上不属天而下不著地,以肠胃为根本,不食则不能活;是以不免于欲利之心。欲利之心不除,其身之忧也,故圣人衣足以犯寒,食足以充虚,则不忧矣。"❷在人本主义和人性自私论的基础上,法家认为必须重视人对利益的追求,以促进社会生产的发展。

法家主张大胆变革,重视对人民利益的需求。管子说:"凡有地牧民者,务在四时,守在仓廪。国多财,则远者来;地辟举,则民留处;仓廪实,则知礼节,衣食足,则知荣辱。"❸意思是强调统治阶级需要关心农业和粮食储备,确保人民的物质生活,从而实现国家的强盛和稳定。在这个基础上,人们才会追求礼仪道德。商鞅坚信功利主义是推动社会改革的重要指导原则。他说:"凡人主之所以劝民者,官爵也。国之所以兴者,农战也。今民求官爵,皆不以农战,而以巧言虚道,此谓劳民。劳民者,其国必无力;无力者,其国必削。"❹他强调,只有通过强化国力和重视实际效益,国家才能真正强大并避免被其他强国吞并。

为了激发人们的积极性和进取心,法家主张采用奖励制度。通过给予人们所期望的利益,可以有效地激励他们更加努力地工作,为实现自身的目标而奋斗。然而,仅有奖励是不够的。为了制约和约束人们的行为,防止他们违反规则或损害公共利益,法家也主张采取惩罚制度。管子主张德法并举,他说:"厚爱利足以亲之,明智礼足以教之。上身服以先之,审度量以闲之,乡置师以说道之。然后申之以宪令,劝之以庆赏,振之以刑罚。故百姓皆说为

❶ 商君书[M].石磊,译注.北京:中华书局,2016:84.

❷ 韩非子[M].张觉,译注.武汉:崇文局,2022:280.

❸ 管子[M].李山,轩新丽,译注.北京:中华书局,2019:2.

❹ 商君书[M].石磊,译注.北京:中华书局,2016:28.

善,则暴乱之行无由至矣。"❶商鞅则认为人民的朴实的品质已经丧失,为了使人们的行为回归正轨,只能依靠法律约束。他说:"夫民忧则思,思则出度;乐则淫,淫则生佚。故以刑治,则民威;民威,则无奸;无奸,则民安其所乐。以义教,则民纵;民纵,则乱;乱则民伤其所恶。吾所谓刑者,义之本也;而世所谓义者,暴之道也。夫正民者,以其所恶,必终其所好;以其所好,必败其所恶。"❷韩非子也有持相似的观点,他说:"夫严家无悍虏,而慈母有败子,吾以此如威势之可以禁暴,而德厚之不足以治乱也。"❸

总的来说,法家重视实际利益和功利主义,并通过奖励和惩罚制度来引导和制约人们的行为。这是新兴封建地主阶级对奴隶制度对人压迫和剥削的反抗,在当时是具有积极意义的。不过,囿于阶级的局限,法家诸子不可能看到问题的实质在于私有制。尽管如此,这种思想对于激发人们的积极性和创造力、维护社会的秩序和稳定具有重要的意义,也为现代社会的治理提供了有益的启示和借鉴。

第四,强化君权。在法家的治国理念中,"权制独断于君则威"是其核心思想,强调了君主对国家最高权力的掌握。他们认为,只有君主才具备这样的权威,而臣下则无权行使。商鞅提出:"民弱国强,民强国弱。故有道之国务在弱民。民朴则弱,淫则强。弱则轨,强则越志。轨则有用,越志则乱。故曰:以强去强者,弱;以弱去强者,强。"❹这一观点在中国政治和法律制度上产生了深远的影响,逐渐形成了中央集权的封建君主专制统治。在这种体制下,"天下之事无小大皆决于上",所有的决策权都集中在君主一人之手,国家的每一个方面、每一个细节,无论大小,都由君主来决策。这种制度不仅强化了君主的权力,也使得国家的政治生活完全围绕着君主展开,形成了一种高度集权的政治模式。

❶ 管子[M].李山,轩新丽,译注.北京:中华书局,2019:30.

❷ 商君书[M].石磊,译注.北京:中华书局,2016:84-85.

❸ 韩非子[M].张觉,译注.武汉:崇文书局,2022:973.

❹ 商君书[M].石磊,译注.北京:中华书局,2016:177.

法家认为,君主要想治理好天下,必须要掌握"势""术""法"。"势"是指君主的权势和威严。法家认为,君主必须拥有足够的权势和威严,才能使臣民敬畏和服从。"术"是指君主的谋略和策略。法家认为,君主必须具备高超的谋略和策略,才能应对复杂多变的政治环境。"法"是指法律和制度。法家认为,法律和制度是治理国家的根本,只有当法律和制度得到严格执行时,国家才能长治久安。法家认为,只有当君主具备足够的权势、谋略和法律意识时,才能真正实现国家的繁荣与稳定。慎到强调君主要拥有足够的权势,申不害主张君主应具备高超的谋略和策略,而商鞅则主张以法律作为国家治理的根本手段。韩非将这三者结合起来,认为,一个君王首先要有权势,然后还要有谋略和法规。他强调,君主的权势是实现有效统治的基础,谋略是应对复杂局面的关键,而法律则是维护国家秩序、保障人民权益的基石。韩非子进一步指出,君主的职责在于把握全局,使各方力量为己所用。在《韩非子·扬摧》中他明确提出:"事在四方,要在中央。圣人执要,四方来效。"[1]法家的加强君权的思想,适应了当时结束诸侯割据、建立大一统政权的需求。

第五,锐意改革。法家学派反对保守的复古思想,他们主张锐意改革,认为历史是不断向前发展的。因此,一切法律和制度都必须随着历史的发展而发展,既不能回归过去,也不能因循守旧。

商鞅是法家学派的代表人物之一,他明确提出了"治世不一道,便国不法古"[2]的主张。这意味着,商鞅认为在制定法律和制度时,不能简单地遵循古代的做法,也不能过于依赖现代的经验。相反,应该根据时代的变化和历史的发展,制定出符合现实需要的法律和制度。商鞅举例说:"汤、武之王也,不循古而兴;夏、殷之灭也,不易礼而亡。"[3]治国之道,只要对国家有利,不一定拘守古法。因此他主张变法要彻底革除旧制,与民更始。这句话告诉我们,治国之策并非一定要遵循古法才能成功。相反,只要是有利于国家发展的策

---

[1] 韩非子[M].张觉,译注.武汉:崇文书局,2022:69.

[2] 商君书[M].石磊,译注.北京:中华书局,2016:7.

[3] 商君书[M].石磊,译注.北京:中华书局,2016:7.

略,我们就不应该过于拘泥于古法。

韩非则进一步发展了商鞅的主张,他提出:"法与时转则治,治与世宜则有功。故民朴,而禁之以名,则治;世知,维之以刑,则从。时移而治不易者乱,能治众而禁不变者削,故圣人之治民也,法与时移而禁与能变。"❶这意味着如果统治者不能随着时代的变化而调整治理方式,那么社会就会混乱不安。韩非还把那些守旧的儒家学者讽刺为守株待兔的愚蠢之人。韩非认为,历史是不断发展的。因此他主张"不期修古,不法常可"❷"世异则事异""事异则备变"❸。他主张要根据现实的需要和时代的变迁来制定政策,以应对各种变化。他认为,只有不断适应时代的变化,才能制定出有效的政策,保持国家的稳定和发展。只有不断地改革和创新,才能保持国家的繁荣和稳定。用现代的话语说,法家是主张创新精神的。

法家"不法古、不循今"的变革精神主张不拘泥于传统和过去的经验,而是根据时代的发展和现实的需要,采取有效的措施来治理国家,具有明显的现实主义精神。法家锐意改革的精神在推动社会进步、促进国家强大、培养进取精神等方面具有重要的意义。

三、法家文化的影响

法家文化作为中华优秀传统文化的重要组成部分,对国家治理和社会发展产生了深远的影响。它强调法律和法治的重要性,主张以法治国、以法为本,通过制定和执行严格的法律制度来维护社会秩序和公共利益。同时,法家与儒家"克己复礼"的"厚古薄今"思想不同,主张改革图强。这一思想理念不仅在古代社会具有重要的意义,而且在当今社会仍然具有现实意义。

法家文化在推进法治和促进革新方面有着显著的贡献,但其也存在一些

❶ 韩非子[M].张觉,译注.武汉:崇文书局,2022:1006.

❷ 韩非子[M].张觉,译注.武汉:崇文书局,2022:926.

❸ 韩非子[M].张觉,译注.武汉:崇文书局,2022:932.

局限性。比如韩非主张"万乘之主、千乘之君所以制天下而征诸侯者,以其威势也"❶,强调君权的集中以构建一个强大而统一的国家,防止权力分散可能带来的混乱。然而,这种对国家权威和统治者意志的过度重视,可能会忽视个人权利,从而滋生专制主义的倾向。在民众治理上,韩非提出"故治民无常,唯治为法"❷,过度强调法律的作用,却忽视了道德教化的重要性。此外,法家刑法过于严苛,"重一奸之罪而止境内之邪,此所以为治也。重罚者,盗贼也;而悼惧者,良民也。"❸这种严厉的法律可能导致社会的不满情绪累积,使得政治制度难以持久。尽管如此,法家文化作为中国古代政治思想的重要组成部分,仍然具有不可替代的历史地位和价值。在当今社会中,我们可以借鉴和学习法家文化的精髓,加强法治建设和社会治理,以促进社会的和谐与稳定。

---

❶ 韩非子[M].张觉,译注.武汉:崇文书局,2022:992.

❷ 韩非子[M].张觉,译注.武汉:崇文书局,2022:1006.

❸ 韩非子[M].张觉,译注.武汉:崇文书局,2022:877.

第二章

中华优秀传统文化的特点及合理内核

中华优秀传统文化，源远流长、博大精深，经过数千年的积淀与传承，形成了以儒家、道家、墨家、法家等为代表的丰富文化体系。其深厚的历史根基中，蕴含着哲学智慧、治国方略、道德伦理以及璀璨的艺术成就，为中华民族乃至全人类提供了宝贵的精神财富。自夏商西周以来，中华文化便持续不断地发展演变，历经各朝各代的传承与创新，延续至今。其丰富内涵涵盖哲学、宗教、文学、艺术、科技等多元领域，塑造了中华民族独特的思维方式和行为规范。这些文化成就不仅是中华民族的瑰宝，更是人类共同的文化遗产。中华优秀传统文化以其独特魅力和普遍性价值，为中华民族乃至全人类的文明进步做出了卓越贡献，充分彰显了中国文化的旺盛生命力和深远影响。

第一节　中华优秀传统文化的特点

作为世界上历史悠久的文明古国，中华优秀传统文化具有深厚的历史渊源与传承。这一文化以连续性与稳定性为显著特点，并始终贯穿于中华民族的漫长发展历程中。不仅如此，中华优秀传统文化还以其独特的伦理本位、显著的地域与民族特色，以及兼容并蓄的博大胸怀而著称。这些特质共同铸就了中国文化的独特魅力，使之在世界文化之林中熠熠生辉。

一、深厚的历史渊源与传承

中华优秀传统文化是中华民族历经数千年沉淀与积累的智慧瑰宝,它积累了丰富的经验,蕴含着深邃的哲理。它就像一颗璀璨的明珠,在世界文化的宝库中熠熠生辉。这份文化传统承载了深厚的历史底蕴,展现出丰富多彩的文化内涵,是中华文明的精神支柱和民族灵魂。在世界几大文明体系中,中华文明源远流长,虽历经坎坷,却从未中断,给我们留下了丰厚的文化遗产。"中国传统文化有着悠久的历史,它发轫于三代,勃兴于东周(春秋战国),定型于秦汉,延续于明清,虽历经近代西方文化的冲击,但还是以其顽强的生命力在历史磨难中浴火重生。这样一种具有深厚积淀的民族文化,必定有它独特的文化传统和合理的价值内核值得我们传承。"❶从远古的甲骨文、金文,到春秋战国的诸子百家,再到汉赋、唐诗、宋词、元曲和明清小说,这些珍贵的文化遗产就像一条历史的长河,流淌在中华民族的血液中。

据考证,中国文化的起源最早可以追溯到约7000年前的河姆渡文化时期。在这个时期,人类已经开始进入新石器时代,开始制作和使用磨制石器。随后,约6000年前的仰韶文化出现了,这一时期的农业得到了极大的发展,人们开始饲养家畜。到了约5000年前,炎、黄二帝逐步统一中原,并建立了国家的雏形,中华文明拉开了序幕。在夏商时期,中华文明进一步发展,奴隶制王朝建立,律法制度完备,工艺制作有所突破,青铜冶铸技术取得了重大发展。这一时期的农业发展水平也有所提高,宗教观念开始产生。西周时期,中华文化迈入了一个新的阶段。这一时期的历法体系逐渐完善,制造业的技术工艺也日益精进。更重要的是,《易经》《尚书》等著作开始出现,这些作品蕴含了深邃的哲学思维,展现了当时人们的高度智慧。此外,西周时期还形成了完善的礼乐文化,一方面规定了人们的行为习惯,另一方面也提升了社会的道德水平。同时,以礼、乐、射、御、书、数"六艺"为基本内容的教育也得到发

---

❶ 李宗桂,等.中国优秀传统文化的现代价值[M].北京:人民出版社,2019:11.

展和完善,为春秋战国时期的文化繁荣奠定了坚实的基础。

春秋战国时期是中华文化的璀璨创生期,它不仅奠定了此后几千年中华文化的发展基调,更为我们勾勒出深邃的理论格局。这一时期,诸子百家的思想如群星闪耀,形成了百家争鸣的盛景。儒家、道家、墨家、法家等学派竞相绽放,为中华文化注入了多元而丰富的内涵。该时期提出的"民本思想""天下大同""无为而治""兼爱非攻""依法治国"等理念,至今仍然散发着智慧的光芒,并具有深远的实践意义。它们不仅是中华传统文化的重要内容,更是当代中华优秀传统文化的源头。可以说,春秋战国时期的文化繁荣,不仅为中华文化的发展指明了方向,更为我们提供了丰富的思想资源和智慧启迪。

秦汉至宋元是中华文化的成熟发展时期,这一时期的传统文化的理论和实践进一步丰富和发展并走向成熟。中央集权制的形成、郡县制的实施、科举制的实行、官僚制度的健全都为中国传统文化的延续和发展提供了坚实的制度和文化支撑。秦代的律法、汉朝的辞赋以及唐代的诗歌,充分展现了当时中国国力的雄厚和文化的发展繁荣。

宋明理学家们在继承和发扬儒学的基础上,吸收了佛教文化和道教学派等的哲学思想,并且经过二程(程颢和程颐)、朱熹的改造,形成了更为系统、更为完善的理学体系。这一体系不仅关注社会伦理、政治制度等现实问题,更深入探讨了人性、天道等形而上学问题,展现了中国传统文化的深邃和广阔。尤其是"宋明理学(新儒学)在受到印度佛教文化的冲击后,再次回归孔孟,而把中国本土文化提高到一个新的水平。"[1]

明清时期是中国传统文化的转型期。随着这一时期商品经济的发展和资本主义的萌芽,传统理学文化开始失坠,民间文化开始兴起。在文学和戏曲方面,出现了《红楼梦》《水浒传》《西游记》等经典小说,以及《牡丹亭》《西厢记》等著名戏曲,都反映了当时社会的风貌和人民的精神世界。这些作品在

---

[1] 汤一介.瞩望新轴心时代:在新世纪的哲学思考[M].北京:中央编辑出版社,2014:29.

艺术上取得了很高的成就,并对后世文学产生了深远的影响。在思想方面,明清之际出现了早期启蒙性质的民主思想,这一思想以李贽、黄宗羲、王夫之等为代表,他们批判君主专制制度,倡导民主、平等和自由的思想。这种思想为中国近代的思想启蒙运动奠定了基础。

中华优秀传统文化历史悠久、内涵丰富,犹如一个庞大的知识宝库。儒学的伦理、道家的深邃、墨家的仁爱以及法家的法治,这些思想不仅体现了中华文化的博大精深,更在历史长河中塑造了中华民族的精神面貌。当我们追溯历史的长河,回望中华文化的源头,《论语》《老子》《墨子》《韩非子》等经典著作犹如一座座丰碑,见证了中华民族的辉煌历史与文明进程。如今,中华优秀传统文化已经成为世界文化遗产的重要组成部分。它不仅滋养着中华民族的精神世界,也为人类文明的进步提供了宝贵的思想资源。在新的历史时期,我们应该更加珍惜这份宝贵的文化遗产,传承和弘扬中华优秀传统文化的精髓,为中华民族伟大复兴注入强大的精神动力。

二、鲜明的伦理本位特征

中国传统文化,以其独特的价值理念和道德引导,凸显了伦理的核心地位。伦理本位特征在中国文化中极为显著,在社会管理、国家治理中强调道德的价值和作用。《尚书·蔡仲之命》提到"皇天无亲,惟德是辅"❶,《尚书·太甲下》则有"德惟治,否德乱"❷的论述。这种文化特别注重道德规范和行为准则的培育与践行,强调个体和社会层面的道德塑造。在中国传统伦理的引领下,各种道德观念和行为准则融入了人们的日常生活,无论是在政治、经济、文化还是社会层面,都得到了广泛的应用和传承。这些规范和准则不仅为社会和谐稳定提供了基石,更是人与人之间维系相互关系的保障。它是中国封

---

❶ 尚书[M].王世舜,王翠叶,译注.北京:中华书局,2012:462.

❷ 尚书[M].王世舜,王翠叶,译注.北京:中华书局,2012:405.

建社会得以稳固运行的重要基石,也是中华优秀传统文化得以绵延的精神力量。在当代,中国传统伦理文化依然具有时代价值,对于个人修养、社会治理及国家发展等方面都有着深远的影响。

从中国传统文化的几大流派来看,儒家文化、道家文化、墨家文化、法家文化,其思想体系都是以伦理道德来建构的。尤其是作为中国传统文化支撑的儒家文化,所蕴含的"仁、义、礼、智、信"等价值观,不仅包含了丰富的道德规范和行为准则,更在历史长河中塑造了中华民族的精神面貌。儒家伦理价值观强调人与人之间的关系以及人的行为和社会秩序的和谐与平衡。这些价值观在个体层面体现在"父父子子"的家庭伦理,讲究家长制和宗族的传统。在儒家文化的伦理结构下,家庭成员之间的关系被赋予了严格的等级和秩序,父亲作为家庭的首领,拥有决策权和教导子女的责任。子女则需尊敬、顺从父母,维护家庭的和谐与稳定。在社会层面,儒家伦理强调家庭和国家的和谐与稳定,塑造了中国封建社会家国同构的宗法制度。这种宗法制度以家庭为本位,将家庭关系和国家关系紧密相连,形成了"君君臣臣"的社会结构。在这种社会结构中,家庭成为个人与社会联系的纽带,个人的行为和价值观受到家庭和国家的双重影响。

道家文化虽然讲求"出世",但是其所蕴含的"道法自然""天人合一"理念,蕴含了人伦应当效法自然的法则。"人法地,地法天,天法道,道法自然"[1],即是将自然法则作为人伦行为的指南。在这个理念下,自然被赋予了人伦的色彩,天与人之间仿佛血脉相连。古代的君王,也称作"天子",承载着沟通天地、主宰万物的神圣使命。因此,道家文化讲求的是一种"天人合一"的共生伦理。它强调了人与自然、人与天之间的和谐共生,为后世提供了宝贵的生态伦理智慧。

墨家文化的伦理思想更注重实用主义,强调行为的效果和功利。墨子提出"兴天下之利,除天下之害"作为学说的宗旨,并主张通过"兼相爱,交相利"

---

[1] 老子[M].汤漳平,王朝华,译注.北京:中华书局,2014:95.

的原则来实现这一目标。在实现道德原则的方法上，墨子更强调外部制裁的威慑力。除了社会的奖惩制度外，墨子还特别强调"天志"的权威作用，希望借助"天"的力量来推行道德原则。墨子的伦理思想以兼爱为标志，反映了平民小生产者的利益，具有许多合理的内容。它否定了儒家"爱有差等"的原则，对宗法等级制度产生了冲击。虽然"兼相爱，交相利"难以完全实现，但其追求平等和公正的理念对现代社会仍具有启示意义。

　　法家伦理思想建立在人性论基础之上，主张诚信和义利观。在法家看来，人性好利，趋利避害是古往今来人人固有的本性。而且这种本性是不可改变的。在《商君书·算地》中，法家指出："民之性：饥而求食，劳而求佚，苦而索乐，辱则求荣，此民之情也。民之求利，失礼之法；求名，失性之常。"●《韩非子·备内》描述道："'舆人成舆，则欲人之富贵，匠人成棺，则欲人之夭死也，非舆人仁而匠人贼也，人不贵，则舆不售，人不死，则棺不买，情非憎人也，利在人之死也。"●从传承思想文化的角度看，法家的人性论观念是对荀子人性恶思想的承续。诚信观是法家伦理思想的重要内容之一。管仲认为诚信是天下行为准则的关键。他提出："先王贵诚信；诚信者，天下之结也。贤大夫不恃宗室，至士不恃外权。坦坦之利不以攻，坦坦之备不为用。故存国家、定社稷，在卒谋之间耳。……信之者，仁也；不可欺者，智也；既智且仁，是谓成人。"●韩非继承并发展了商鞅等前期法家的诚信观念，他认为诚信是不可或缺的品德，崇尚信，宣扬信。韩非子指出："小信诚则大信立，故明主积于信。赏罚不信，则禁令不行。"●义利观是法家伦理思想的核心内容。商鞅认为："名利之所凑，则民道之。"●在《韩非子·饰邪》里，韩非指出："私义行则乱，公

❶ 商君书[M].石磊,译注.北京:中华书局,2016:69.

❷ 韩非子[M].张觉,译注.武汉:崇文书局,2022:217.

❸ 管子[M].李山,轩新丽,译注.北京:中华书局,2019:225-226.

❹ 韩非子[M].张觉,译注.武汉:崇文书局,2022:541.

❺ 商君书[M].石磊,译注.北京:中华书局,2016:69-70.

义行则治。"❶他认为为了维护公共利益,必须去除私欲和私利。在法家思想中,"利"被视为人们行为和交往的唯一动力,而"义"则是规范和引导人们行为的准则。

除了儒、墨、道、法这四家主流文化,佛教等其他文化形式在中国传统伦理文化的形成过程中也起到了不可或缺的作用,为中华优秀传统文化的伦理特色赋予了更为丰富的内涵。

三、连续性与稳定性

中华文明、古埃及文明、两河文明和印度文明是历史最悠久的四大文明。在历史的演变中,埃及、两河流域、印度三个地方的古代文明后来因种种原因由盛而衰、最终消亡,唯有中华文明五千多年来一脉相承、从未中断,形成了多元一体的文化发展格局。在独特的衍生环境中,中华文明不仅具备了文明的一般特性,更融入了丰富的个性和民族特性,使之独树一帜。中华文明自原始农业文明到现代工业文明,历经数千年,其根本内容和形式未曾有过巨大变化或彻底中断。这一特点的背后,是政治、文化、语言文字以及疆域等多个方面的稳定性和连续性。

在政治上,中国历史上的大一统时期占据了相当长的时间跨度,而分裂动荡的时期则相对短暂。稳定的国家性质、统治阶级的稳固以及主体民族的固定性等因素,都为中华文明的连续性和稳定性提供了坚实的政治基础。自夏、商、周至清朝,政治实体始终有序地传承,各个朝代紧密相接。每个朝代都吸取了前一个朝代灭亡的教训,注重民生和社会发展,缔造了诸如"文景之治""贞观之治""康乾盛世"等辉煌盛世。后继的朝代继承了前朝的语言文字、文化思想、政治体制等,并在这些基础上进行改造和创新。这些联系的累积,形成了一条清晰可辨的政治传承脉络。尽管中华文明历经5000多年的风

---

❶ 韩非子[M].张觉,译注.武汉:崇文书局,2022:244.

雨历程,但其政治发展脉络始终清晰可见,文明传统始终保持活力,展现出卓越的连续性。

在文化上,中华优秀传统文化中的许多元素,如儒家文化、道家文化、墨家文化、法家文化及佛教文化等相互交织相互融合,都在历史的长河中得到了延续和发展。他们提出的思想主张、价值理念,不仅塑造了中华文化的深厚传统,更对后世的治国理政、人生态度和社会道德产生了深远的影响。这些思想的精髓被不断融入中华优秀传统文化的丰富内涵中,通过史书的编纂、文献的传承、教育的普及等各种途径,得以代代相传、不断创新。它们构成了中华文明连续不断的发展轨迹,使得中华民族的共同记忆得以延续,从未间断。

语言文字是中华文明连续性和稳定性的重要基础。自秦始皇推行"书同文、车同轨"的政策以来,汉字作为主要载体,扮演了记录中华发展史的重要角色。虽然在不同的历史阶段,汉语在语音、词汇和某些专业术语方面有所变化,但这些变化大多呈现出渐进的特征,没有造成根本性的断裂。中华文化的变迁正是通过这种连续的变化逐渐演变,共同构成了中华文明连续性的主线。这种连续性不仅体现在语言文字的传承上,更体现在文化的深层结构和价值观念上。汉字作为中华文明的载体和重要标识,记载、传播、传承了传统思想文化,滋养了中华儿女独特的文化基因,提高了文化认同意识,增强了文化自信。

此外,中华史学的传承性也是中华文明连续性和稳定性的一个重要体现。中华民族历来重视历史、研究历史、借鉴历史,这一传统贯穿于五千多年的文明史中。从司马迁作《史记》、班固作《汉书》一直到《清史稿》,共构成了"二十六史",这些史书贯通中华几千年历史,世代传承,成为中华民族的共同文化历史记忆。这些史书体裁各异,贯通古今,全方位地展现了中华文明发展连续性的特点,堪称世界史学的瑰宝。它们作为中华文明连续发展的记录,代代相传、世世研习,使中华民族的共同记忆得以延续,从未出现过中断。

这一传承性的体现,不仅彰显了中华文明的深厚底蕴,也为我们提供了宝贵的经验和智慧,为中华文明的持久发展奠定了基础。

综上所述,中华优秀传统文化的连续性和稳定性不仅建立在坚实的政治基础上,更得益于文化、语言文字以及史学等多方面的深厚积淀。这些要素共同构成了中华文明持久发展的支柱,彰显了其独特的魅力和生命力。

四、地域性与民族性

由于中国悠久的历史、广袤的土地和多元的民族,中国传统文化也展现出地域文化差异的特点。不同地区和民族在长期的历史发展过程中形成了各自独特的文化传统。这些文化传统不仅在语言、艺术、宗教、习俗等方面存在差异,还在价值观念、思维方式、审美标准等方面有着明显的区别。

从地域性来看,我国地域辽阔,人口众多,各地的自然环境、经济方式、社会状况和历史渊源等多方面因素的差异,逐渐形成了不同地域各自独特的文化特色。

从宏观的角度来看,我国文化大致可以分为北方文化和南方文化两大类。北方文化主要源于黄河流域,而南方文化则主要源于长江流域。在微观方面,从历史渊源和地域结构上来说,我国的地域文化又可细分为更多具体的区域文化,如齐鲁文化、荆楚文化、吴越文化、巴蜀文化、滇黔文化以及岭南文化等。

地域文化是中国传统文化的重要组成部分,各个地区都有着自己独特的文化特征。这些具体的文化差异表现在语言、饮食习惯、节日庆典、建筑风格、艺术形式、价值观念等多个方面。

各地的方言都有着自己独特的特点和历史渊源。例如,广东话的腔调、湖南话的平仄、上海话的俚语等等,都体现了各地独特的文化魅力。不同地域的饮食习惯也体现了强烈的文化差异。例如,四川菜的麻辣、广东菜的清淡、上海菜的甜酸等,都体现了各地独特的口味和文化传统。此外,各地的节庆食品也有着自己的特色,如端午节的粽子、中秋节的月饼等。艺术形式也是地域文化的重要组成部分之一。各地的戏曲、音乐、舞蹈等艺术形式也有着很大的差异。例如,京剧、豫剧、川剧、粤剧等戏曲形式都有着自己的特色和风格,体现着浓厚的地域特色。这些艺术形式不仅代表了各地的传统文化,也是人们表达情感和传承历史的重要方式。这些不同地域文化特色造就了不同的生活方式和行为规范,也塑造了各地独特的社会风貌和文化特色。例如,北方的豪放和南方的细腻、西部的淳朴和东部的繁华等,它们之间相互影响、相互融合。在这个过程中,各种文化传统得以传承和发展,形成了中国文化的丰富多彩。

从民族性来看,中国是一个多民族的国家,各民族在长期的历史发展过程中形成了自己独特的文化传统。这些传统文化既有共性,又富有自己的特色,在发展过程中相互融合相互影响,共同构成了中国文化的绚丽多彩。

这些文化传统,都蕴含着丰富的文化底蕴和独特的艺术魅力,共同形成了中华文明的独特标识。汉族在长期的历史发展中形成了以儒家文化为核心的文化特色,以"仁、义、礼、智、信"为核心的价值理念,在中华民族的认同感和凝聚力中起到了重要的作用。同时,其他民族的传统文化也形成了自身独具特色的特点和魅力,如蒙古族的马术、蒙古原生态音乐、那达慕大会等传统节日等;满族的旗袍、特色歌舞、剪纸艺术、颁金节和开山节等传统节日等;藏族的藏传佛教文化、独具特色的传统服饰、独树一帜的藏语文学、藏族传统绘画艺术等。此外还有壮族文化、苗族文化、侗族文化、白族文化、高山族文化等丰富多彩的民族文化。

这些传统文化不仅代表了各民族的历史传统和文化底蕴,也是中华文明的重要组成部分。它们不仅具有鲜明的民族特色,而且还展示出了中华文化的共性,为中华文明的发展和传承奠定了坚实的基础。丰富多彩的民族文化不但展现了中国文化的博大精深,也为世界文化的交流与互动作出了重要的贡献。

五、兼容并蓄

中华文化精彩纷呈、博大精深,归功于它兼收并蓄的包容性。这种包容性在中国主流学派相互学习、相互借鉴中体现出。作为中国传统文化正统的儒家文化,在发展过程中对道家文化、墨家文化、法家文化均有借鉴。孔子的弟子颜回在儒家文化的基础上,融入了一些道家的观念,强调个体的内在修养与追求,拓展了儒家文化的内涵。同时儒家文化也借鉴了墨家文化的"兼爱""非攻"理念设计出了理想的"大同"社会。到了汉代,儒家和法家开始了融合的道路。这种融合不仅体现在理论层面,更深入到社会实践的方方面面。汉代统治者以儒家思想为主导,强调仁政、德治,同时也采纳了法家的法治观念,通过制定严格的法律来维护社会秩序。道家在发展过程中也汲取了很多儒家的思想,具体来说,道家主要吸纳了儒家的忠、孝、仁、信等伦理纲常思想。

"中华民族对外来文化从来不采取盲目排斥,而是有选择地吸收、改造,使之为我所用。"❶在两汉之际,佛教传入中国,开始了与本土文化的融合过程。在这个过程中,佛教思想与中华传统文化相互影响,逐渐沿着中华文化发展的道路发展,并成为中国传统文化的一个组成部分。同时,宋明时期的儒学也吸收了道家、佛家的一些理念,形成了理学这一新的儒学派别。理学的出现标志着儒学的发展进入了一个新的阶段,也是中国文化发展的一个重要里程碑。在这一时期,儒、释、道三家的思想进一步融合,共同构成了中国文化的核心内容。这种融合不仅体现在学术思想上,也深刻影响了中国的文化艺术、道德伦理和社会制度等方面。因此,可以说宋明时期是中华文化走

---

❶ 任继愈.中国传统文化的光明前景[M].李申,周赟编.上海:上海教育出版社,2020:48.

向成熟和稳定的一个重要阶段。

在明末清初及至鸦片战争之后，随着西方文化的逐渐传入，中国传统文化开始面临前所未有的挑战。特别是西方启蒙思想等学说的传入，对以儒学为主的中国传统文化产生了重大冲击，这一冲击甚至加速了中国两千多年封建王朝的解体。然而，随着马克思主义的传入，中国传统文化开始注入新的活力。马克思主义与中华优秀传统文化的融合，为中国文化的发展注入了新的动力，同时也为中华优秀传统文化的传承与创新开辟了新的道路。

在文学艺术方面，中国传统文化展现出其兼容并蓄的显著特点。例如，唐诗、宋词、元曲等各个时代的文学形式并存；绘画、书法、舞蹈、雕刻等艺术形式，则在不同地域、不同民族的文化交流中，相互吸收、相互借鉴，形成了各具特色的艺术风格。这种文化的交流与融合，不仅丰富了中华文化的内涵，更为世界文化留下了宝贵的遗产。

在科学技术方面，中国传统文化也展现出开放包容的态度，积极吸收外来先进技术，不断创新发展。尤其是在近代以后，中国更是借鉴西方工业文明，逐步开启了现代化的进程，为中国的科技发展奠定了坚实基础。

综上所述，中国文化兼容并蓄的特点表现在多个方面。从历史渊源、文学艺术以及科学技术等多个方面，无不体现出中国传统文化的包容性和开放性。这种文化的交流与融合不仅丰富了中华文化的内涵，也使得中国文化在世界文化舞台上独树一帜。同时，这种文化的兼容并蓄也促进了中国社会的稳定和发展，为人类文明的进步作出了重要贡献。

第二节　中华优秀传统文化的合理内核

中华优秀传统文化的精髓在于民本思想、深厚的爱国情怀、和谐共处的理念、对和平的执着追求、自强不息的精神及诚信为本的价值观。这些特质共同赋予了中华文化独特且深刻的内涵。在当今社会，深入挖掘和传承其合理内核,对于推动社会的和谐发展、增强民族自信心及推动人类文明的交流与互鉴具有深远的意义。

一、民本思想

中国的民本思想,这一深植于古代智慧的理念,源于夏商周时期,历史悠久。在中国古代政治理论体系中,民本思想占据了极其重要的地位,并随着中国古代封建王朝的兴衰而演变。作为明君和贤臣的统治理念,它强调对民众的尊重和关心,体现在重民、贵民、富民、安民和爱民等方面。民本思想认为人民是国家的根本和基础,只有尊重人民、关心人民、依靠人民,才能实现国家的长治久安和社会稳定。民本思想是中华优秀传统文化思想的重要理念之一。中国传统的儒家、道家、墨家、法家等文化流派均有对民本思想的关注和阐述,其中儒家的民本思想对中国古代的政治思想和政治制度产生了深远的影响,也为现代社会的治理提供了重要的借鉴和启示。

民本思想是封建统治者治国理政的重要手段。在古代的政治论述中,《尚书》中讲“民惟邦本,本固邦宁”,强调民众是国家的基础,只有民众安乐,国家才能安宁。孔子提出在政治实践上要“为政以德”❶,秉持“惠民”“敬民”的施政理念,将民众的福祉置于重要地位。孟子则明确提出“民为贵、君为轻、社稷次之”,进一步强调了民众在国家中的核心地位。唐太宗的“民水君舟”比喻也表达了同样的观点,即民众是国家稳定的基础。然而,老子的民本思想则有其独特之处,他通过描绘“小国寡民”的理想社会,展现了对民众生活的深切关怀。他提倡“道法自然、无为而治”,希望统治者顺应自然法则,不施加过度的人为干预,给予民众自由发展的空间。这种政治理念为后世的统治者提供了另一种关于治国理政的思考角度。法家的管子则提出“政之所兴,在顺民心;政之所废,在逆民心”❷,进一步强调了顺应民心对于政治稳定

---

❶ 论语译注[M].杨伯峻,译注.北京:中华书局,2006:14.

❷ 管子[M].李山,轩新丽,译注.北京:中华书局,2019:6.

和国家兴盛的重要性。这些观点深入人心，成为了中国传统文化中民本思想的重要组成部分。

除了政治领域，民本思想也在社会和伦理领域有所体现。例如，《大学》中提出的"以民为本"的治国理念，强调的是对民众的尊重和关心。这一理念基于儒家思想的人性善基础，提出了"仁爱"观念，主张以"德治"和"礼制"施政，体现了对民众的深切关爱和重视。墨家思想中的"兼爱"和"非攻"观念，展现出墨家对天下苍生的深切关怀和济世情怀。法家认为人性是好利恶害的，因此强调法治的重要性。法家从义利观出发，认为要治理好国家就必须让民众富裕起来。因此，《管子·牧民》中提到"仓廪实，则知礼节；衣食足，则知荣辱"❶。意思是民众的基本生活需求得到满足后，他们才会追求更高的道德和荣誉。因此，中国传统文化中的以民为本理念，强调的是对民众的尊重和关心，认为统治者应该以民意为依归，把民众的利益放在首位。

民本思想作为封建社会的产物，不可避免地带有阶级性和局限性。然而，我们不能全盘否定其价值。它所蕴含的人民至上、以人为本、民心所向等积极价值观，对现代社会的发展仍具有重要的启示和借鉴意义。在当代，传统民本思想面临着创新性发展和创造性转化的历史任务。中国共产党在马克思主义指导下，坚持"人民群众是历史的创造者"的唯物主义观点，重视人民群众的历史作用，依靠人民、保障民权、关注民生，并确立了"以人民为中心"的思想。将传统民本思想从口号变为现实。这为传统民本思想注入了新的活力，使其得以创造性转化和创新性发展。在全面推进小康社会建设、实现中华民族伟大复兴的进程中，深入研究、梳理中国古代民本思想的当代价值，对于贯彻"以人民为中心"的发展理念具有十分重要的现实意义和理论价值。通过对民本思想的挖掘和传承，我们可以汲取其智慧和经验，更好地服务于现代社会的可持续发展和人民的福祉。

---

❶ 管子[M].李山,轩新丽,译注.北京:中华书局,2019:2.

二、爱国情怀

爱国主义是中华民族的优良传统和崇高美德,也是中华民族共同体得以形成的政治基石和道德基础。在长期与周边国家和民族的交往中,中华民族形成了深厚的爱国主义精神,这种精神经过统治阶级和知识分子的提炼和升华,成为对祖国的深厚情感和责任感。作为民族精神的核心内容,爱国主义是推动中华民族几千年来持续发展的强大动力。

在中华优秀传统文化中,爱国主义精神被视为一种高尚的情感和道德品质,是个人与国家之间的一种纽带。爱国主义精神在不同的历史时期和文化背景下有着不同的表现形式。在古代,爱国主义精神表现为对君主的忠诚、对国家的奉献以及对国土的坚守。"位卑未敢忘忧国""人生自古谁无死,留取丹心照汗青""天下兴亡,匹夫有责""苟利国家生死以,岂因祸福避趋之",这种爱国主义精神代代相传,历经岁月沉淀,已经深深烙印在中华儿女的血脉之中。

传统文化的爱国主义精神具有丰富的内涵。它不仅包括对祖国的热爱和忠诚,还涵盖了民族团结、社会奉献等精神。这些精神元素共同构成了爱国主义精神的基本框架,为中华民族的团结与进步提供了强大的精神动力。在中国历史的各个时期,爱国主义精神始终是推动国家发展和民族繁荣的关键力量。从古至今,无数英雄豪杰、仁人志士都以不同的方式践行着爱国主义精神,为国家的发展和民族的繁荣作出了巨大的贡献。近代以来,中国被迫沦为半殖民地半封建社会,国家蒙难、文明蒙羞,中华民族到了危难之秋。在这个生死存亡的时刻,爱国主义精神更加凸显出其伟大的力量。无数仁人志士挺身而出,他们舍生取义,不畏强敌,为了民族独立和人民幸福而英勇斗争。从戊戌变法的英勇尝试,到辛亥革命的伟大壮举,再到五四运动的精神觉醒,以及抗日救亡的民族抗争,这些历史进程中,正是那些充满爱国主义精神的先驱者们的无畏付出和英勇奋斗,使中国在困境中重新崛起,重拾了民族的尊严与自豪。他们的事迹成为激励一代又一代中华儿女不懈努力、为国家的繁荣昌盛和民族的伟大复兴而拼搏的强大动力。

弘扬爱国主义精神是中华民族的优良传统。在新的历史方位中，我们依然面临着来自国内和国外多方面的困难和挑战。在当今时代，围绕新的历史主题，根据时代的需要弘扬爱国主义精神仍然具有重要的意义。它不仅有助于培养人们的民族自豪感和国家意识，还能够激发人们的奋斗动力和创新精神。只有不断弘扬爱国主义精神，才能够更好地凝聚全民族的力量，实现中华民族伟大复兴的中国梦。

弘扬爱国主义精神是中华民族的优良传统，这一传统在新的历史方位中仍然具有重要意义。在新的历史阶段，我们面临着一个充满挑战与机遇的"百年未有之大变局"。面对这个充满变革的时代，我们需要进一步加强爱国主义宣传和教育，让更多的人了解和认同爱国主义精神。在新的时代背景下，爱国主义教育要把爱党、爱国、爱社会主义有机统一起来，不断增强对中国特色社会主义的道路自信、理论自信、制度自信、文化自信，更好地坚持和发展新时代中国特色社会主义伟大事业。新时代的爱国主义精神不仅有助于培养人们的民族自豪感和国家意识，还能激发人们的奋斗动力和创新精神。只有不断弘扬爱国主义精神，我们才能更好地凝聚全民族的力量，共同实现中华民族伟大复兴的中国梦。

三、和合理念

和合理念是中国传统文化的基本理念之一，它贯穿于个人修为、国家治理、社会建构等各个层面，蕴含着极其深刻的哲学思辨与中古智慧。这种对和合的追求，并非偶然，而是源于对宇宙万物运行规律的深刻洞察。在中华文化的丰富内涵中，和合不仅代表一种社会状态，更是一种宇宙观、人生观和价值观的体现。它坚信，和合是社会稳定与发展的基石，这一基石的稳固性直接关联到社会的兴衰与民族的命运。中华文明中的"和合"传统,是构建和谐社会、实现人类命运共同体的重要思想资源。它彰显了中华民族的和平爱好、公平正义与开阔包容的品质。这种理念强调在尊重个体差异、包容多样性基础之上,实现多元共存、和谐共生,从而推动人类社会的繁荣与进步。

在人与自然的关系中,中国传统文化主张"天人合一",认为人类应当顺应自然规律,与自然环境和谐相处。这种思想体现出了对自然的敬畏和尊重,也是对人类自身生存条件的深刻认识。道家庄子说:"天地与我并生,而万物与我为一"❶,认为天地万物与我之间是一种共生共存的关系,即物我相通,和谐如一。儒家思想同样重视人与自然的和谐关系。"儒家把'自然'('天'或'天地')看成一和谐的整体。"❷孔子说:"天何言哉?四时行焉,百物生焉,天何言哉?"❸,表达出对自然规律的敬畏和遵循。孟子在《孟子·梁惠王上》中提到"不违农时,谷不可胜食也;数罟不入洿池,鱼鳖不可胜食也;斧斤以时入山林,材木不可胜用也。谷与鱼鳖不可胜食,材木不可胜用,是使民养生丧死无憾也"❹。强调合理利用和保护自然资源的重要性,提醒人们要顺应自然规律,保护生态环境,才能实现可持续发展。这一理念在当前对中国乃至全球人类仍然具有重要的指导价值。

在处理人与人之间的关系时,中国传统文化着重强调"和为贵"的价值观念。这一观念的核心在于尊重他人、理解他人,寻求共同点,并积极通过沟通和协商解决出现的任何分歧。孔子曾经说过:"礼之用,和为贵。"这句话不仅为人际关系提供了指导,而且对社会秩序的整体和谐与平衡给予了深刻的见解。儒家主流思想认为人性本"善",因此"特别强调人的道德实践对于理想的和谐社会的意义"❺。儒家认为,人与人之间的和谐可以促进整个社会的和

---

❶ 庄子[M].方勇,译注.北京:中华书局,2015:31.

❷ 汤一介.中国传统文化的特质[M].乐黛云,杨浩,编.上海:上海教育出版社,2019:199.

❸ 论语译注[M].杨伯峻,译注.京:中华书局,[M].2017:267.

❹ 孟子[M].方勇,译注.北京:中华书局,2011:5.

❺ 汤一介.中国传统文化的特质[M].乐黛云,杨浩,编.上海:上海教育出版社,2019:201.

谐。因此儒家经典著作《大学》首章中说"大学之道,在明明德,在亲民,在止于至善"●。在这样的和合精神之下,人们不仅尊重每个个体的独立性,更加强调整体的和谐与平衡。这种对和谐的追求,有助于减少冲突,增强人与人之间的信任,从而为社会稳定奠定坚实的基础。

此外,中国传统文化中的和合理念还体现在对多元文化的包容和尊重上。中华文化历来主张"和而不同",即尊重不同文化之间的差异,追求多元文化的和谐共处。这种包容性的文化传统使得中国成为一个多元文化并存的国家,各种民族、宗教和文化在这里交融汇聚,共同构成了丰富多彩的中华文化。和而不同的观念最早来自郑伯的"和实生物,同则不继"●。郑伯认为,唯有存在差异的元素彼此和谐共存,世间万物才得以生成。若所有事物都完全相同,那么世界将不再发展。这一观点与"和而不同"有着相似之处,均强调尊重事物的差异性,并重视不同元素之间的融合。它们共同传达出一个理念:在差异中寻找和谐,才能推动事物的发展与进步。和合文化传统对中国社会的发展产生了深远的影响,它促进了不同文化流派之间的融合与借鉴,增进了民族之间的团结与凝聚力。这种和谐文化的传承与弘扬,对于当今社会依然具有重要的现实意义。在全球化日益加深的今天,和合理念不仅有助十解决各种社会矛盾和冲突,更可以为世界的和平与发展作出积极的贡献。

在当今世界面临诸多挑战和危机的背景下,中国传统文化中的和合理念更显得弥足珍贵。这一理念提醒我们关注人与自然、人与人以及人与社会之间的和谐关系,倡导以更加包容、开放的心态面对不同文化和观念之间的差异,积极寻求共同发展和繁荣的道路。同时,和合理念也为我们提供了一种解决当前社会问题的思路和方法,即通过对话、协商和合作来实现共赢和共同发展。在这个多元化的时代,和合理念的践行有助于促进不同文化和国家之间的交流与合作,为世界的和平与发展注入新的动力。

● 礼记[M].胡平生,张萌,译注.北京:中华书局,2017:1161.

● 徐元诰.国语集解[M].王树民,沈长云,点校.北京:中华书局,2002:470.

四、崇尚和平

中华民族历来是一个崇尚和平的民族。在中国传统文化中,崇尚和平已经深入人心,成为一种价值观。这种对和平的崇尚,是中华传统文化的重要组成部分,对中国历史和文化的发展产生了深远的影响。

在中国的经典文献和哲学思想中,我们可以看到许多强调和平、和谐和共同发展的理念。例如,儒家思想中的"仁者爱人"和"以德服人",反对使用暴力来压制他人。孔子在《论语》中提到:"为政以德,譬如北辰居其所而众星拱之。"❶"远人不服,则修文德以来之。"❷这意味着,当权者应该以自身的道德行为来影响和治理国家,通过道德教化和榜样的力量,使百姓心悦诚服地归顺,从而实现国家的安定和谐。这表达了孔子的政治理想,即以"德治"达到国家的治理。这是一种基于道德和人性的人文主义思想,与单纯依赖武力和暴力的方式形成鲜明对比。《孟子·告子下》中有句名言:"天时不如地利,地利不如人和。"❸这句话强调了人心和谐的重要性。老子在《道德经》中也提到:"以道佐人主者,不以兵强天下,其事好还。师之所处,荆棘生焉;大军之后,必有凶年。"❹老子反对使用武力,认为战争会给国家和人民带来灾难。事实上,老子的"小国寡民"的理想社会便是其和平思想的集中体现。相比之下,和平发展和国家安宁更符合人们的期望。墨子的和平思想则更加直接,他提出了"兼爱非攻"的理念。墨子认为,天下所有的事物都应互爱互助,反对一切形式的攻击和战争。他主张爱人如己,不分阶级、亲疏、敌友的平等对待,强调人人平等,倡导博爱的精神。墨子认为战争和暴力会给人民带来痛苦和伤害,因此他极力呼吁人们放弃战争,通过和平的方式解决问题。

中国传统文化中蕴含着丰富的和平理念,这些理念在当今世界仍具有重

---

❶ 论语译注.[M]杨伯峻,译注.北京:中华书局,2017:14.

❷ 论语译注[M].杨伯峻,译注.北京:中华书局,2017:245.

❸ 孟子[M].方勇,译注.北京:中华书局,2015:65.

❹ 老子[M].汤漳平,王朝华,译注.北京:中华书局,2019:116.

要意义。它警醒我们尊重生命、珍视和平，并积极消除战争和暴力的根源，以实现持久和平的美好愿景。当今世界，和平与发展仍是全球的核心议题。然而，现实世界中战争和贫困仍然存在，威胁着无数人的生命与安全。作为拥有和平基因的民族，我们应该将其发扬光大，为全球的福祉与进步贡献更多力量，为世界的文明与进步作出更大的贡献。

五、自强不息

"天行健，君子以自强不息"，这一精神是华夏民族生生不息、长盛不衰的精神力量，也是华夏民族薪火相传、继往开来的精神支柱。可以说，在中国历史上，自强不息精神始终是华夏民族拼搏进取、艰苦奋斗、奋发图强的力量源泉。《中庸》有云："博学之，审问之，慎思之，明辨之，笃行之。有弗学，学之弗能弗措也。有弗问，问之弗知弗措也。有弗思，思之弗得弗措也；有弗辨，辨之弗明弗措也；有弗行，行之弗笃弗措也。人一能之己百之，人十能之己千之。果能此道矣，虽愚必明，虽柔必强。"❶这种自我要求和不懈努力的精神，正是自强不息的体现。不论面对何种困难和挑战，我们都要坚持不懈地学习、探索、思考、辨析和实践，以果敢无畏的勇气和持之以恒的努力，去追求更高的目标和更美好的未来。这种自强不息的精神，是中华优秀传统文化中的核心价值理念，它激励着我们始终保持进取的心态，以坚定的信念和顽强的毅力，不断开拓创新，为个人和民族的进步贡献力量。

"自强不息"思想，塑造了中华儿女坚韧不拔的奋斗精神和与时俱进的创新思维。从精卫填海、夸父逐日、愚公移山的传说，到大禹治水、越王勾践卧薪尝胆雪国耻的历史故事，它们所赞美的都是那种百折不挠、锲而不舍、坚韧不拔、永不放弃的伟大精神。在《论语·雍也》中，孔子提到："仁者先难而后

---

❶ 礼记[M].胡平生，张萌，译注.北京：中华书局，2017：1026.

获,可谓仁矣。"❶这句话强调了仁者面对困难时,始终保持坚韧不拔的态度,只有克服了困难,才能获得真正的收获。《荀子》中说,"君子敬其在己者而不慕其在天者,是以日进也"❷,认为君子注重修身养性,自立自强,保持谦虚谨慎的态度,从而能够不断进步。《周易·随》中说:"日中则昃,月盈则食,天地盈虚,与时消息,而况于人乎?"这句话表达了天地万物都随着时间的推移而变化,人应该顺应时势,不断适应变化,不断自我完善和发展。同时,《周易·益》中也提到:"凡益之道,与时偕行。"这句话强调了不断进取、与时俱进的创新精神。正是在这一精神的照耀下,中华民族才能够历经沧桑而不衰,饱经磨难而更强。在历史的长河中,无论是内部动乱还是外敌入侵,中华民族总是能够克服困难,不断前行。这种顽强的生命力,正是源于自强不息的精神。

在民族危亡之际,无数仁人志士挺身而出,以天下为己任,不畏艰险,奋发图强。他们以坚忍不拔的意志和无私奉献的精神,为国家的独立和民族的尊严而战。正是这种自强不息的精神,让中华民族在逆境中崛起,实现了国家的独立和民族的解放。

中国共产党在领导人民进行革命、建设和改革的伟大实践中,中华民族自强不息的民族精神得到进一步弘扬和传承。井冈山精神、长征精神、延安精神等,是革命时期中华民族不屈不挠、顽强拼搏的历史见证。而在社会主义建设时期,"两弹一星"精神、大庆精神、红旗渠精神等,则是中华民族自强不息、艰苦奋斗精神的继承和发展。而在现代社会,奥运精神、载人航天精神等则代表了中华民族在体育竞技和科技领域的创新与突破,展现了自强不息的民族精神在新时代的崭新面貌。

总之,中华优秀传统文化中的自强不息精神是一种积极向上的人生态度和价值观念。它鼓励个人在面对困境时坚持不懈、勇往直前;推动社会在变革中不断进步和发展;激发国家和民族在世界民族之林中崛起。这种精神既

---

❶ 论语译注[M].杨伯峻,译注.北京:中华书局,2017:88.

❷ 荀子[M].方勇,李波,译注.北京:中华书局,2015:270.

是中国文化的瑰宝,也是人类文明的重要组成部分。在今天这个日新月异的时代,只有不断培育和弘扬自强不息的民族精神,我们的国家才能在激烈的国际竞争中立于不败之地,实现中华民族伟大复兴的中国梦。

六、诚信理念

诚信,作为中华民族传统文化中的核心价值观念,强调人与人之间的真诚、守信和守法。它不仅是一种道德准则,更是一种行为规范,对社会和谐和稳定起到了至关重要的作用。早在两千多年前,孔子就提出了"言必信,行必果"的主张,这充分体现了诚信的重要性。在中国的传统文化中,有许多成语故事赞美诚信精神,如"一言九鼎""立木取信""曾子杀彘""一诺千金"等。在漫长的历史长河中,有许多诚信人物和故事被广泛传颂,成为了中华民族的宝贵财富。

首先,诚信理念作为中华优秀传统文化的重要组成部分,体现在人与人之间的交往中。诚信要求人们在交往中保持真诚、守信用的态度,不欺骗、不虚伪,言行一致,恪守承诺。儒家看来,诚信不仅是个人修养的至高境界,更是人格塑造的基石。尤论是在家庭、还是国家层面,诚信都被视为一种宝贵的品质。一个缺乏诚信的人,难以在社会中稳固立足,更难以成就伟大的事业。《礼记·中庸》一书强调:"诚者,天之道也;诚之者,人之道也。"❶这句话意味着真诚是自我完善的体现,也是一切事物的起始和归宿。孟子也指出:"万物皆备与我矣。反身而诚,乐莫大焉。"❷万物之理我都具备了。反躬自省,只要觉得自己是诚实的,就是最大的快乐。这进一步强调了诚信在个人修养中的重要性。

---

❶ 礼记[M].胡平生,张萌,译注.北京:中华书局,2017:1026.

❷ 孟子[M].方勇,译注.北京:中华书局,2015:258.

其次,诚信理念不仅在道德层面被强调,在商业活动中也起到了重要的作用。在中国的传统文化中,商人的诚信被视为商业活动稳定发展的基石。商人应始终坚守诚信原则,遵循商业道德和规范,不做欺诈行为,不进行虚假宣传,而是以商品的质量和服务来赢得消费者的信任和忠诚。春秋时期的范蠡便是一个典型的例子,他作为中国历史上诚信经营的典范,凭借正直的商业道德在当时的商业领域取得了巨大的成功,被后世誉为"商圣"。这种诚信观念的传承,对于推动中国商业的发展和社会的进步起到了至关重要的作用。

再次,诚信理念在社会治理中也发挥着重要的作用。儒家文化认为,诚信理念与为政同等重要。孔子强调:"民无信不立。"这句话表明,如民众对统治者不信任,国家便无法稳固,无法持久。在家庭、社会乃至国家的层面,诚信都被视为一种必要的品质。在中国传统文化中,君主的诚信被视为国家治理的重要基础。君主应该以诚信为本,取信于民,言行一致,恪守承诺,以诚信治国,使人民信任和忠诚于国家。对于个人而言,诚信是个人修养的体现,也是人格完善的基石。一个缺乏诚信的人,不仅难以在社会中立足,更难以成就大事。因此,儒家提倡"修身、齐家、治国、平天下"的理念,认为个人的诚信和修养是实现国家和社会稳定的基础。管子也曾强调,"诚信者,天下之结也",表明诚信是建立社会关系和信任的关键。在社会治理中,诚信的重要性不言而喻。只有通过诚信,才能建立起民众对政府和社会的信任,从而维护社会的稳定和发展。在当今社会,我们仍然需要传承和发扬这种传统价值观,让诚信理念在新的时代背景下继续发挥作用。

最后,中华优秀传统文化还包括道法自然、厚德载物、居安思危、天下大同等核心思想。这些思想不仅在历史上对中国的社会进步起到了关键作用,而且在现代社会中仍然具有深远的影响。为了更好地传承这些文化精髓,我们应当深入挖掘传统文化的"合理内核",并结合当代社会的需求进行创新性的转化和发展。这些精神内核是激发民族活力、凝聚力和创造力的源泉,有助于强化民族认同感,增强文化自信,为中华民族伟大复兴注入强大的精神动力。在当今世界文化多样性的背景下,中华优秀传统文化的传承和发展对于弘扬民族文化、提升国家软实力具有重要意义。

第三章
中华优秀传统文化的当代价值

中国传统文化历经千年,博大精深,其中蕴含着众多深邃的思想理念。无论是儒家的德治仁政、道家的道法自然、墨家的兼爱非攻,还是法家的公正法治,这些理念都为我们提供了丰富的精神滋养。这些传统文化中蕴含着深厚的智慧,它们不仅触及个人品德的修养、人际关系的和谐以及人与自然的共生,还涵盖了治国理政等多方面的智慧。随着时代的变迁,这些传统文化不断与现代社会相融合,被赋予新的时代内涵和表现形式。在当今社会,它们依然具有不可替代的价值,为社会主义现代化建设提供着强大的精神动力。同时也为当前人类面临的很多挑战提供了宝贵的启示和解决方案。

第一节　中华优秀传统文化的国内价值

中华优秀传统文化历经千年仍熠熠生辉,对于提升国家文化软实力、推动社会主义市场经济健康发展、加强民族团结与文化自信,以及培育和弘扬社会主义核心价值观,均发挥着不可或缺的重要作用。

一、中华优秀传统文化有助于提升文化软实力。

20世纪90年代初,美国学者约瑟夫·奈提出了"软实力"(Soft Power)的概念。软实力是相对于国内生产总值、城市建设及军事实力等硬实力而言的,它是指一个国家在文化、价值观念、社会制度等方面的影响力和感召力。相较于以经济、军事、科技为基础建构起来的国家硬实力,软实力体现了一个国家的影响力和吸引力。作为综合国力重要组成部分的文化软实力,其影响力和价值在当今世界日益凸显,它不仅关系着国家的形象和声誉,更关系着国家的国际地位和影响力。因此,加强文化软实力的建设是当前我国的重要发展任务之一。

在中华文明5000年的历史长河中,春秋战国时期堪称思想史上的"黄金时代"。这一时期,儒家、道家、法家、墨家、名家等各派思想竞相绽放,形成了百花齐放的局面。老子、孔子、庄子、墨子、孙子、荀子、管子、孟子等思想巨匠纷纷阐述自己的学说,构建出博大精深的诸子百家思想体系。这个时代的思想文化繁荣,开创了中国历史上思想文化发展的巅峰,对后世产生了深远的影响。这些深邃的思想光芒,穿越了几千年的时空,至今仍然在我们的生活中闪烁。中华优秀传统文化汇聚了深邃的哲学理念、价值观念、道德思想、行为规范、社会理想和辩证思维,这些思想经典在历史长河中闪耀着不朽的光芒。这些文化思想塑造了中华民族的信仰追求、价值取向、高尚品质和思维方式,成为中华民族的精神支柱和灵魂。它们像脊柱一样支撑着中华民族,维系着民族的繁衍生息,使我们在历经磨难后依然坚韧不屈。这些文化思想积淀着我们中华民族最深沉的精神追求,代表着中华民族独特的精神标识,是当代中国文化软实力的根基。新形势下,传承和创新中华优秀传统文化,提升中国文化软实力,是我们应对世界文化激荡、续写中华文明辉煌的重要举措。

中华优秀传统文化是中国人民的"根"和"魂",是促进文化软实力发展的不竭源泉。传统文化源远流长,博大精深,从先秦诸子百家的兴起,到两汉经学的形成,从魏晋玄学的深入探讨,到隋唐佛学的繁荣发展,再到宋明理学的深化和完善,一路走来,丰富多彩,深邃悠远。这些文化思想在历史的长河中不断演变、融合与创新,为中华文明的繁荣发展提供了强大的精神支撑。中华优秀传统文化在历史上长期处于世界文明的前列,为全人类文明进步作出了不可磨灭的贡献。这些丰富的文化资源,不仅是中国人民的宝贵精神财富,也是世界文明的瑰宝。不断挖掘和传承这些优秀传统文化,有助于加强民族向心力和凝聚力。深入研究和传播中华优秀传统文化,可以加强不同地区、不同民族间的文化交流与融合,进一步增强中华民族的团结力和向心力。同时,发掘和弘扬中华优秀传统文化思想,也有助于增强中国人民的文化自信和民族自豪感,进一步提升国家的文化软实力和国际竞争力。

传承和发展中华优秀传统文化,提升文化软实力,不仅是增强综合国力和国际竞争力的重要途径,更是关系到"两个一百年"奋斗目标和中华民族伟大复兴中国梦的实现。传统文化作为中华文化的基石,其深邃的内涵和独特的价值在提升文化软实力、巩固马克思主义指导地位、践行社会主义核心价值观以及实现中华民族伟大复兴的中国梦中发挥着至关重要的作用。随着社会的进步,人们对文化的需求日趋多样化,求同存异、兼收并蓄的思想使得各种文化得以共存,而优秀的传统文化也在这种思想的推动下得以传承和保留。提升文化软实力,需要我们深入挖掘、精心保护和有效传承中华优秀传统文化,并为其注入新的时代内涵。我们要让这些传统文化与当代文化相互融合,与现代社会的发展趋势相协调,真正满足人民的精神需求。通过生动有趣、富有创意的方式,将这些传统文化普及推广给更广泛的人群,让他们在欣赏和参与中感受到中华文化的魅力,从而增强文化自信。同时,我们要把跨越时空、超越国度、具有当代价值的文化精神弘扬起来,打造与时代主题相结合,并能够为广大人民群众接受和理解的文化产品。只有这样,我们才能形成一种文化自觉,对于提升中华文化软实力起到积极的促进作用。

二、中华优秀传统文化有助于社会主义市场经济的健康发展

改革开放以来,在全球化的浪潮中的中国生产力获得了极大的发展,中国经济逐步跃升至世界前列。但随着信息时代的来临,我们受到多元文化尤

其是西方文化的干扰,对社会主义市场经济的发展带来了一些不利影响。同时我们正处于一个大发展、大变革、大调整的时代,中国人的精神世界和行为方式正经历着传统价值观念和道德标准的深刻变革。在快速转型的经济关系中,传统的价值观念和道德标准正在经历急剧的变化。价值观领域呈现出多元化的趋势。因此,构建一个能够促进社会主义市场经济健康发展、有利于现代化经济体系建设的价值导向,已成为当下亟待解决的问题。中国的传统文化蕴含着深厚的道德底蕴,诸如"诚信观""义利观""和合观"等理念,这些理念为我们提供了宝贵的启示。我们应当从传统文化中汲取优秀的文化基因,为社会主义市场经济的健康有序发展提供重要的价值导向,引导人们在追求经济利益的同时,注重道德操守和社会责任,实现经济发展与社会进步的和谐统一。

诚信是中国传统文化中的核心价值观念之一,被视为立身处世之本和道德之基石。孔子,这位伟大的思想家,在《论语》中多次强调了诚信的重要性。他曾说:"与朋友交,言而有信。"❶此外,他还提到"谨而信,泛爱众,而亲仁"❷,意在告诫我们要言行谨慎,保持诚信,并且要爱所有的人。墨子也十分重视诚信理念。他曾明确表示:"志不强者智不达,言不信者行不果。"这句话意味着,一个人如果没有坚定的信念和追求,他的智慧就难以得到充分的发挥。同样地,如果一个人说话没有信用,他的行为也很难成功。市场经济实质上是一种"契约经济"和"信用经济",与诚实信用的价值观存在天然的联系。在社会交往、商业合作和个人品德修养中,诚信都具有至关重要的意义。它有助于加强市场主体的道德修养,培养良性的市场经济契约精神。诚信作为中华优秀传统文化的重要价值观,对于维护市场秩序、促进经济发展和个人品德修养都具有重要意义。在现代市场经济中,我们仍然需要继承和弘扬诚信理念,加强道德自律和诚信制度建设,以实现市场经济的可持续发展和社会

---

❶ 论语译注[M].杨伯峻,译注.北京:中华书局,2017:6.

❷ 论语译注[M].杨伯峻,译注.北京:中华书局,2017:6.

和谐稳定。

我们应以社会主义市场经济为指导,深入挖掘中国传统义利观中的合理要素。在对待义与利的关系上,儒家传统提倡"先义后利""见利思义"等价值观,强调在追求利益的同时要遵循道义原则。墨子提出:"义,利也。"他认为,道义的行为最终是为了实现利益,而追求利益也应当以道义为前提。虽然传统宗法社会下的义利观在一定程度上表现出"重义轻利""以义抑利"的倾向,并带有一定的历史局限性,但其核心思想仍具有积极意义。在尊重个人正当利益的同时,我们主张义与利的统一。这意味着在追求经济利益的过程中,不能忽视道义和社会责任。通过倡导义利统一的价值观,有效规导市场经济条件下的私利化倾向,推动形成和谐、文明的社会主义市场经济秩序。这样的秩序不仅能够保障个人的合法权益,还能够促进社会的公平正义和持续发展。

三、中华优秀传统文化有助于增强民族凝聚力

"中华民族博大深厚的文化传统,形成了坚强、持久的凝聚力。"❶这种凝聚力深藏在每个民族成员的心中,是团结、维系和支撑一个民族生存发展的重要力量,对于民族的发展、演进以及民族的自强、自立都产生了重要影响。尤其在危机与挑战面前,民族凝聚力更显得不可或缺。

中华优秀传统文化不仅有助于增强中华民族的自信心和认同感,还有利于增强中华民族的向心力和凝聚力,是中华民族伟大复兴的重要推动力量。在全球化的背景下,国家之间的竞争已经不仅仅局限于经济和军事领域,而是演变为综合国力的全面竞争。为了提升综合国力,重视中华优秀传统文化的传承和弘扬至关重要。只有深入了解和认同自己的传统文化,才能增强广大人民群众的认同感和归属感,进而形成强大的内在精神气质。这种精神气

---

❶ 任继愈. 中国传统文化的光明前景[M]. 李申,周赟编. 上海:上海教育出版社,2020:57.

质将成为国家发展最大的软实力,推动国家在全球化竞争中取得优势。

中华优秀传统文化是中华民族凝聚力的宝贵源泉,它不仅构筑了中华民族的精神高地,更深深滋养了我们的民族之魂。历经五千年的文明积淀,中华民族所形成的独特价值理念和道德风尚,已经如同血脉般流淌在每一个中华儿女的身体之中,成为我们民族坚韧不屈、团结奋进的强大精神支柱。中华优秀传统文化孕育了浓烈的家国情怀。从"修身齐家治国平天下"的宏伟抱负,到"先天下之忧而忧,后天下之乐而乐"的博大胸襟,再到"位卑未敢忘忧国"的坚定信念,这些思想精髓已经深深烙印在中华民族的灵魂深处。它们激励着我们为国家的繁荣昌盛和人民的幸福安康而不懈奋斗,成为我们民族精神的重要支柱。此外,中华优秀传统文化还蕴含了丰富的"和合"的仁爱精神和"天人合一"的生态智慧,以及自强不息的拼搏精神和厚德载物的包容胸怀。这些文化资源不仅塑造了中华民族独特的精神风貌,也为我们提供了与世界交流互鉴的宝贵财富。在全球化的背景下,中华优秀传统文化思想以开放、包容的姿态与世界对话,不断吸收借鉴异质文化元素,丰富自身内涵的同时,也推动了中华文化的创新发展和国际影响力的提升。

中华优秀传统文化是中华民族凝聚力的核心支柱,它深深植根于中华民族的灵魂深处,构筑了我们的精神家园。儒家的仁爱之道、道家的自然之理、墨家的大爱思想及法家的法治理念,这些宝贵的思想遗产都融入了中华儿女的血脉之中,激发了我们内心的自豪、归属和使命,进而汇聚成坚不可摧的民族凝聚力和向心力。正是这种深厚的凝聚力和向心力,让中华民族在历史的沧桑巨变中始终屹立不倒,团结一心,勇往直前。无论面对外敌入侵的严峻考验,还是国家建设的艰辛历程,抑或是改革开放的伟大跨越,以及新时代的宏伟蓝图,中华优秀传统文化都如同明灯般指引着我们,给予我们无穷的精神力量和动力源泉。在21世纪这个充满挑战与机遇的时代,国际国内形势错综复杂,但只要我们紧紧依托中华优秀传统文化的深厚底蕴,就能找到坚定的信仰和前进的方向。这种信仰和方向不仅为我们提供了心灵的慰藉,更是我们团结奋进的强大纽带。它让我们在风雨同舟中携手前行,共同书写中华民族伟大复兴的壮丽篇章。

加强中华优秀传统文化的传承和发展是增强民族凝聚力的现实路径。加强中华优秀传统文化的传承有助于丰富广大人民群众的精神世界,提升他们的文化素质和道德水平。这种传统文化的弘扬,不仅可以满足人民对美好生活向往的精神需求,更能培育他们的爱国情怀和民族自豪感,进而巩固和强化整个民族的凝聚力。通过对中华优秀传统文化的传承,在广大人民中形成一种自觉的行为,有助于增强对本民族文化的心理认同。这种认同具体化为对本民族的自尊心、自信心和责任感,进一步增强了民族的凝聚力和向心力。这种凝聚力和向心力是中华民族在历史长河中历经磨难而始终坚韧不拔的重要原因。在全球化的背景下,这种文化认同和文化自信更是中华民族保持文化自信、坚守文化底色的重要支撑。它们是中华民族团结一心、奋发向前的精神力量,也是中华民族走向未来、创造辉煌的重要保障。因此,加强对中华优秀传统文化思想的传承与发展,对于增强民族凝聚力具有深远的意义。

四、中华优秀传统文化是彰显文化自信的有力支撑

"文化自信是一个民族在文化问题上所具有的一种积极精神状态,它体现为观察、思考和推动文化发展进程中对于优秀传统的礼敬、直面世界的从容、开创未来的坚毅。"❶中国文化自信的彰显,是道路自信、理论自信和制度自信的基础,也是实施文化强国战略的前提。中华文明,作为世界上唯一一个从未中断的文明,拥有五千年的悠久历史,这正是我们文化自信的根源所在。这份自信来源于我们深厚的历史底蕴,来源于对传统文化的传承和发扬。在继承优秀传统文化的基础上,我们还需要不断创新,与时俱进,将传统

---

❶ 沈壮海,张哲. 厚植中华民族奋力向前的文化自信[N]. 光明日报,2016-07-19(04).

与现代完美融合,以更好地推动中国文化的传承与发展。

中华优秀传统文化是坚定文化自信的底色。"高度的文化自信,是一个民族能够在文化上有新创造的精神底气,是一个民族能够走向并始终走现在时代前列的必备条件。"❶中华优秀传统文化,作为中华民族历史与精神财富的积淀,孕育于漫长的历史实践与创新过程。它承载了中华民族的价值理念与道德规范,被视为民族精神的"根"与"魂"。这份深厚的历史底蕴,是中华民族克服困难、走向辉煌的精神支柱,也是文化自信的坚实基石。"天行健,君子以自强不息",这句话揭示了中国文化强大的生命力与包容性。这种独特的思想传统,赋予了中华儿女不屈不挠、奋发向前的精神品质。即便在近代,当中国面临西方文明的冲击时,尽管我们的传统文化一度不能应对,但它并没有陷入消沉。相反,它展现出了强大的自我更新能力和对外来优秀文化的吸收能力。这种逆境中的发展与超越,正是中国传统文化包容与创新精神的体现。正是这种精神,确保了中国传统文化在历史的波折中得以延续。它不仅成为了中华民族现代化进程中不可或缺的精神动力,更是构成了中华民族文化自信的坚实底色。这种自信,源于对自身文化的深刻认识和自豪感,也源于对未来发展的坚定信念。

国家的繁荣昌盛和民族的崛起,都深深依赖于自身文化的精神支撑。特别是对于中国这样一个拥有五千年历史的文明古国,传统文化始终在潜移默化地塑造着我们的思维模式和生活方式。儒家文化教导我们注重仁义道德,强调家庭和社会的重要性;道家文化则引导我们追求自然和谐,倡导无为而治;墨家文化主张兼爱非攻,提倡节约和勤劳;而法家文化则强调法制和秩序,主张以法治国。此外还有佛教文化、名家等思想也留下了丰厚的文化遗产。这些文化传统共同构成了中国文化的核心精神,为中华民族的崛起提供了强大的精神支撑。

---

❶ 沈壮海.论文化自信[M].武汉:湖北人民出版社,2019:3.

　　传承和创新优秀传统文化是增强文化自信的关键。在世界文化发展的历程中,中华文化占有显著且重要的地位,并且在相当长的时期内保持了领先地位。自先秦时期以来,中华民族的传统文化经历了漫长的发展历程,形成了具有独特魅力和品格的文化体系。春秋战国时期,诸子百家纷纷涌现,各种思想流派争奇斗艳,为中华文化的确立和形成提供了丰富的思想资源和理论支撑。魏晋南北朝时期的民族迁徙与融合,使得文化呈现多元化格局,儒释道三家思想相互渗透、共同发展,最终在唐宋时期达到了繁荣的顶峰。然而,在明清之际,传统文化逐渐陷入了纲常伦理的桎梏,失去了创新和发展的活力。鸦片战争所带来的西方文明的冲击,虽然给中国传统文化带来了巨大的挑战和压力,但同时也促使中华文化自我反思和创新。一方面,西方文明中的先进科技和文化理念逐渐被引入中国,推动了中国的现代化进程。例如,西方的数学、物理、化学等自然科学知识被引进后,带来了中国传统科学的伟大变革。同时,西方的民主、平等、自由等价值观念也被引入中国,推动了社会的进步和发展。另一方面,面对西方文明的冲击,中国传统文化逐渐与现实相呼应开始进行自我反思和创新。例如,儒家的"经世致用"、道家"天人合一"、墨家的"兼爱和平"、法家的"依法治国"等理念,为后来的社会主义运动提供了重要的思想资源。这些思想的创新和发展为中国传统文化的现代转型奠定了坚实的基础。

　　总之,中华优秀传统文化是坚定文化自信的基石。中华优秀传统文化是中华民族的文化基因、精神家园、精神命脉,是整个文化体系的根基命脉和源头活水,是文化自信的内在力量。经历了20世纪80年代末的文化大讨论,90年代初的国学热,到21世纪以来传统文化的崛起,大家对待传统文化的态度基本上已走出自卑的阴霾,开始对其进行理性分析和客观评价。深入把握当前文化传承与发展的关系,立足时代,不忘本来、吸收外来、面向未来,不断赋予传统思想以新的时代内涵和现代表达形式,使中华优秀传统文化与当代文化相适应、与现代社会相协调。

五、中华优秀传统文化是涵养社会主义核心价值观的重要源泉

党的十八大提出,倡导富强、民主、文明、和谐、自由、平等、公正、法治,爱国、敬业、诚信、友善,积极培育和践行社会主义核心价值观,是我们党凝聚全党全社会价值共识作出的重要论断,代表了中国共产党对于中华优秀传统文化思想的创造性转化和创新性发展。"当代中国的社会主义核心价值,既不能脱离社会主义形态的根本属性,又不能离开中国的文化传统和民族特色。"❶中华优秀传统文化是中华民族的灵魂与精神支柱,是培育和践行社会主义核心价值观的宝贵资源。同时,它也是我们在世界文化交流与碰撞中坚定立场的坚实基础。

中华优秀传统文化与社会主义核心价值观之间存在着密切的互动与融通关系。一方面,构建社会主义核心价值体系的过程,实际上是对中华优秀传统文化的继承与升华。这种继承不仅体现在对传统价值观的认同和弘扬,更在于从中汲取智慧和养分,结合时代需求进行创新和发展。另一方面,中国传统文化与社会主义核心价值观之间是"源"和"流"的关系。传统文化所蕴含的独特价值体系,为社会主义核心价值观提供了丰富的思想资源。这些思想资源不仅包括道德伦理、人文精神等方面,还涉及国家治理、社会和谐等层面。正是基于这些深厚的文化底蕴,社会主义核心价值观得以形成和发展,并成为引领当代中国社会前进的重要精神力量。

中华文明经过千年的沉淀与积累,形成了独特的价值体系,这一体系是社会主义核心价值观的重要思想来源。中国传统文化理念,包括格物致知、修身、齐家、治国平天下的理念,这些理念全面涵盖了个人、社会和国家三个层面的要求。从个人层面来说,格物致知、修身强调的是个人的修养和成长;进入社会层面,齐家理念则关注家庭及社会的和谐与稳定;而治国平天下的理念,明显是国家层面的要求,主要强调国家的治理和发展。社会主义核心

---

❶ 陈先达.中国百年变革的重大问题[M].北京:人民出版社,2019:104.

价值观正是对中华优秀传统文化思想的继承和深化。它不仅体现了社会主义的本质要求,更融入了鲜明的时代精神。中华优秀传统文化中的民本思想、和合思想、大同思想及和而不同的哲学理念,都对社会主义核心价值观产生了深远的影响。具体来说,"民为邦本,本固邦宁"的民本思想,与社会主义核心价值观中的"以人为本"观念相呼应;和合思想则被社会主义核心价值观中的"和谐社会"理念所传承;大同思想在社会主义核心价值观中表现为对平等思想的追求;而"和而不同"的包容思想,也与社会主义核心价值观中的"包容多元"观念相呼应。

此外,中华优秀传统文化还强调诚信、友善、公正等价值观念,这些观念在社会主义核心价值观中也同样得到了深化和体现。对于诚信,中国传统文化强调"人而无信,不知其可也""诚者,天之道也;思诚者,人之道也""言必信,行必果"。这些理念与社会主义核心价值观中的"诚信友善"观念相呼应,强调人与人之间的信任和诚实。至于友善,我们可以追溯到"君子喻于义""仁者爱人"等传统观念。这些思想与社会主义核心价值观中的"团结友善"相契合,强调对他人的关爱和尊重。中国传统文化还蕴含着深厚的公正观念,如"公生明,偏生暗""公则天下平矣"。这些观念与社会主义核心价值观中的"公正公平"相一致,强调社会的公平正义和平等。

总之,中华优秀传统文化与社会主义核心价值观在多个层面都有着密切的联系。这种深厚的文化底蕴不仅为社会主义核心价值观提供了丰富的思想资源,同时也使其在全球文化交流中保持了文化标识。

六、中华优秀传统文化为现代治国理政提供了深厚的思想文化基础

中华优秀传统文化思想中蕴含着丰富的治国理政经验和智慧,这些思想和智慧为当代中国共产党人治国理政提供了重要的思想启迪和智慧借鉴。

孔子提出的"为政以德"理念,强调用道德引导人们的行为,认为道德能促使人们真心服从和支持政府。他指出:"道之以政,齐之以刑,民免而无耻;道之以德,齐之以礼,有耻且格。"❶这句话表明,只依赖刑罚和政令来治理国家,虽能避免百姓犯罪,但并不能使他们认识到犯罪可耻;而通过道德引导和礼制规范,则能使百姓认识到犯罪可耻并且遵守规矩。儒家还倡导"和为贵"的思想,强调和谐是社会最宝贵的财富。孔子认为:"礼之用,和为贵。先王之道,斯为美;小大由之。"❷这表明,礼的应用应以和谐为首要目标。这一理念对当今社会处理人际关系乃至国际关系都具有重要的指导意义。道家尊崇"道法自然",强调对自然的尊重和顺应。《道德经》中说:"道之尊,德之贵,夫莫之爵而常自然。"❸这种生态意蕴告诫我们,尊重自然、顺应自然是道德要求,更是人类社会持续发展的基础。墨家主张"尚贤尚同",重视人才并提倡尊重人才、重用人才。这一思想在当今仍然具有重要意义。无论是国家的发展还是企业的竞争,人才都是最宝贵的资源。法家则主张以法治国,认为法律是治国之本。他们主张制定明确的法律,确保法律的公正性和权威性,并通过法律来规范人们的行为,维护社会秩序和稳定。这种法治精神与现代社会的法治原则在很多方面是一致的,对于推动法治建设、维护社会公正具有重要意义。

此外,"位卑未敢忘忧国"的报国情怀,"为政以德,譬如北辰,居其所而众星共之"的道德引领,"民惟邦本,本固邦宁"的民本思想等都是中华优秀传统文化中的治国理政理念。历经千年,这些思想和智慧依然具有强大的穿透力,为中国特色社会主义建设提供借鉴。我们必须坚守中华文化立场,结合当今时代条件,坚持创造性转化和创新性发展,不断从中华优秀传统文化中汲取治国理政的理念和思维。

---

❶ 论语译注[M].杨伯峻,译注.北京:中华书局,2017:15.

❷ 论语译注[M].杨伯峻,译注.北京:中华书局,2017:10.

❸ 老子[M].汤漳平,王朝华,译注.北京:中华书局,2014:206.

第二节　中华优秀传统文化的国际价值

中华优秀传统文化不仅为中华民族提供了丰富的精神滋养,更为人类问题贡献中国智慧和中国方案。在全球化的背景下,中华优秀传统文化的国际价值愈发突出,它为促进世界文化多样性发展、全球治理体系改革和建设、世界和平与发展、全球生态环境问题、文化交流与互鉴,以及全球生态环境等问题提供了独特的视角和方法。

一、中华优秀传统文化有助于促进世界文化多样性发展

随着全球化步伐的不断加快,文化多样性显得愈发关键。文化多样性是全球文化发展的基石,它使得各个国家和民族能够相互交流、相互学习,共同推动文化的繁荣和进步。中华优秀传统文化作为世界文化的重要组成部分,以其深厚的历史底蕴和独特的文化魅力,为世界文化多样性的发展提供了丰富的思想资源和艺术灵感。"观乎天文,以察时变,观乎人文,以化成天下",中华文化展现了一部充满丰富内涵和多样性的历史长卷。在这部历史长卷中,蕴藏着千百年来智慧的结晶。从历史的视角审视,中华优秀传统文化"多元一体"。中国传统文化以其深厚的内涵和独特的魅力,展现了东方文化的独特风貌,在全球文化多样性的保护和发展中扮演着重要角色。

中国的书法、诗歌、绘画、戏曲、音乐、舞蹈等艺术形式是中国传统文化的瑰宝。这些艺术形式以其独特的审美价值和艺术魅力,丰富了世界艺术宝库,为人类文明进步提供了智慧和启示。中国的书法艺术被誉为"无声的诗、立体的画",其独特的笔墨韵味和线条之美令人叹为观止;中国的诗歌将优美的语言和韵律融合在一起,抒发人们的内心情感;中国的水墨画和壁画则以其独特的色彩和线条展现了中国文化的独特魅力,给人以美的享受和精神的寄托;中国的戏曲综合了音乐、舞蹈和表演,呈现了丰富的人物形象和故事情

节,将历史和人民的美好愿望融合在其中;中国的音乐和舞蹈艺术则展现了不同地域不同民族的文化色彩,传达着他们的情感和生活方式。通过欣赏和学习这些艺术形式,人们可以更好地理解中国文化的深厚底蕴和独特魅力,从而推动世界文化多样性的繁荣发展。

二、中华优秀传统文化为全球治理体系改革和建设提供了重要的思想资源

自 2016 年英国公投决定退出欧盟以来,反全球化一直是国际社会热议的话题。尽管如此,随着世界各国、各地区和各民族的相互依存关系日益紧密,全球化仍然是不可逆转的趋势。中国传统优秀文化的积极处世之道和治理理念,逐渐展现出独特的时代价值。这些理念与当今全球化时代的趋势和需求越来越契合,为中国在全球治理中发挥重要作用提供了坚实的智力支持。中华优秀传统文化中的和合、大同等理念为全球治理理念注入了深厚的文化底蕴。这些理念的践行有助于推动全球治理体系的完善和发展,弥补西方治理模式的不足,为全球经济的稳定和繁荣贡献力量。

首先,中华优秀传统文化为全球治理贡献了独特的中国智慧。中国主张全球治理应遵循共商共建共享的原则,秉承开放、包容、普惠、平衡、共赢的治理规则。在国际关系中,中国首倡正确的义利观,并本着"亲、诚、惠、容"的原则发展与周边国家的关系。中华优秀传统文化中蕴含的和合思想、共赢理念,为全球治理体系的改革和建设提供了重要的启示。这些理念在全球化进程中尤为重要,因为各国相互依存、利益交融,必须共同面对全球性挑战才能够实现共赢。通过借鉴中华优秀传统文化的智慧,各国可以更好地寻求合作与共赢的解决方案,共同应对全球性问题的挑战。例如,儒家的"和而不同"思想,提倡在尊重差异的基础上寻求共同点,为处理国际关系中的分歧和矛盾提供了重要的启示。在全球治理体系中,各国应尊重他国的独立和主权,

通过平等协商和合作来解决分歧,实现共同发展和繁荣。中华优秀传统文化在全球治理中的价值不仅在于其智慧的独特性,更在于其深厚的文化底蕴和人文精神。通过传承和弘扬这些优秀传统文化,我们可以更好地应对全球性挑战,推动全球治理体系的完善和发展。

其次,中华优秀传统文化为全球治理提供中国方案。中国方案不仅仅局限于宏大的理念和构想,更体现在实际的行动和贡献上。面对当前人类面临的困境,中国提出构建"人类命运共同体"的理念和"一带一路"的倡议,倡导在多边主义和国际关系民主化的框架下,通过合作与协商解决全球性问题,共同应对挑战,实现共同发展和繁荣。中国方案的这一理念和实践,为推动全球治理体系的改革和建设提供了新的思路和方向,为构建更加公正合理的国际秩序注入了新的动力。

"人类命运共同体"理念源自中国深厚的传统文化底蕴,是对大同思想的传承和创新。中国传统儒家和墨家均对"大同思想"作出过相关阐释。儒家经典《礼记·礼运》中描述了一个美好的社会场景:"大道之行也,天下为公。选贤与能,讲信修睦,故人不独亲其亲,不独子其子,使老有所终,壮有所用,幼有所长,矜寡孤独废疾者皆有所养。男有分,女有归。货恶其弃于地也,不必藏于己;力恶其不出于身也,不必为己。是故谋闭而不兴,盗窃乱贼而不作,故外户而不闭。是谓大同。"❶在这个由儒家构建的理想国中,政治上强调天下为公,选拔贤能的人担任统治者;社会关系基于信义和人人平等原则;经济方面强调物质资料的丰富和人们分工协作共享劳动成果;法治上,法律严明、公正无私。墨家虽然没有明确提出大同这个概念,但是其思想内容里包含了丰富的大同思想。墨家崇尚劳动,反对剥削,提出"赖其力者生,不赖其力者不生"❷。在墨家设计的理想社会中,"凡天下群百工、轮、车、鞲鲍、陶、冶、梓、匠,使各从事其所能"❸,大家没有高低贵贱之分,同心协力,各尽所能,

---

❶ 礼记[M].胡平生,张萌,译注.北京:中华书局,2017:419-420.

❷ 墨子[M].方勇,译注.北京:中华书局,2015:279.

❸ 墨子[M].方勇,译注.北京:中华书局,2015:187.

"譬若筑墙然,能筑者筑,能实壤者实壤,能欣者欣,然后墙成也。为义犹是也。能谈辩者谈辩,能说书者说书,能从事者从事,然后义事成也。"[1]在这个理想社会中,每个人都能发挥自己的特长和才能,共同创造一个公正、和谐的社会。

为了构建人类命运共同体,中国提出了"一带一路"倡议,其核心思想是和平发展、开放合作和互利共赢。这一倡议为各国之间的交流与合作搭建了平台,促进了互联互通和建立合作共赢的机制。通过加强政治、经济和文化领域的沟通,减少了误解和猜疑,进一步维护和促进了区域内的和平与稳定。同时,"一带一路"倡议的实施也推动了全球经济的繁荣与发展。这一倡议与人类命运共同体有着共同的精神内核和发展目标,将中国梦与世界梦紧密相连,在实践中探索人类文明的前进方向和发展道路。

三、中华优秀传统文化为世界和平与发展提供重要思想指引

首先,在中华文明的悠久历史中,我们始终秉持着"和为贵"的核心理念。这一理念不仅体现在人与人之间的和谐共处,更延伸至国与国之间的交往。我们崇尚"与己和""与人和",以及"义利和",这意味着我们尊重并接纳不同的声音和意见,寻求多样性的统一。这种多元的统一,正是中国古代哲学中"和"的精髓所在。"和"并非意味着否认矛盾和对立,而是强调通过解决矛盾,达到更高层次的统一。正如《周易》所言:"天地感而万物化生,圣人感人心而天下和平"[2],最早提出了天下和平的理想。中国共产党在继承和发扬中华优秀传统文化的基础上,创造性地提出了和平共处五项原则。这些原则不仅体现了中国传统文化中"和"的精神,而且在处理国际关系时,强调尊重各国的主权和领土完整,反对干涉他国内政,并主张通过和平方式解决国际争端。

---

[1] 墨子[M].方勇,译注.北京:中华书局,2015:395-396.

[2] 周易[M].黄寿祺,张善文,译注.上海:上海古籍出版社,2007:182.

这一原则为国际社会提供了一个公正、公平、和平的交往框架,进一步推动了中国传统文化中"和为贵"的理念在全球范围内的实践与传承。

其次,中国传统文化强调的是"仁爱"的精神。这种仁爱从关爱家人开始,逐渐延伸至对他人、对天地万物的爱。孟子说:"君子之于物也,爱之而弗仁;于民也,仁之而弗亲。亲亲而仁民,仁民而爱物。"❶这句话明确地阐述了仁爱的三个层次:"亲亲""仁民""爱物"。在讲仁爱的过程中,我们不仅要关爱与自己有血缘关系的亲人,也要关心那些与我们没有血缘关系的他人。也即孔子所说的"泛爱众"。在"仁爱"思想的浸润下中华民族历来讲求"天下一家",始终崇尚和平,主张民胞物与、天下大同、协和万邦。因此在当前的国际关系中,我们应该秉持"仁爱"精神,关注弱小国家的权益和福祉,积极推动国际援助和发展合作,协商解决争端,减少社会不公,从而降低战争和冲突的潜在风险。

最后,中国传统文化主张"和合共生",认为不同文明、不同国家之间应该相互尊重、相互借鉴、共同发展。在国际社会中,我们应该尊重不同的文明和习俗,促进文化交流和文明互鉴,推动不同国家之间的友好交往和合作共赢。通过加强文化交流和文明互鉴,可以增进各国之间的相互理解和信任,减少战争和冲突的风险。

总的来说,中华优秀传统文化中的诸多思想与理念为解决国际关系中的战争与冲突问题提供了宝贵的思路。通过宣扬和平、仁爱与和合共生的价值观,我们能够推动国际社会形成更为团结与协作的态度,共同应对战争与冲突的挑战,共同构建一个持久和平、普遍安全的世界。

四、中华优秀传统文化为应对全球生态环境问题提供智慧

近代工业革命极大地提高了社会生产力水平,推动了人类文明由农业文

---

❶ 孟子[M].方勇,译注.北京:中华书局,2015:281.

明迈入工业文明。这一过程带来了生产方式和生活方式的巨大改变。然而，西方哲学中的主客二分法却将人与自然的关系置于对立面。这种哲学思想在一定程度上导致了人类对大自然的过度开发和破坏，从而引发了一系列的生态环境问题。过度的发展方式造成了一系列的生态问题，人类面临着环境污染、生态失衡、灾害频发、资源短缺、水土流失等一系列严峻的生存挑战。这些环境问题不仅影响了人类的生活质量，还对全球的生态系统产生了深远的影响。

人与自然和谐共生是人类文明发展进步的重要体现。生态兴则文明兴，生态衰则文明衰，人与自然和谐相处的程度是衡量人类文明发展进步的重要尺度。坚持人与自然和谐共生，不是不发展、不作为，而是要通过高质量的绿色发展，实现人与自然和谐共生的现代化，是全人类的共同需求。在这一过程中，中华优秀传统文化中的诸多理念，如"天人合一""和合共生""道法自然"等理念不仅提供了独特的思想资源，还在解决这些问题的方法论上带来了新的启示。

在《易经》《老子》《孟子》《荀子》和《齐民要术》等众多中国古代经书典籍中，都体现了"天人合一"的思想。这种思想追求的是人类与大自然的和谐共存，强调人类应当遵循自然界的客观规律，按照与自然法则相协调的方式行事。这种思想要求我们将人与自然看作一个不可分割的整体，强调在利用自然资源时要有节制，要"取之有度，用之有节"。我们应该在保护大自然的基础上进行生产活动，以确保自然资源的可持续利用。只有将人与自然看作一个整体，我们才能更好地为人类谋求福祉。这样，我们就可以实现人与自然的共同繁荣和永续发展。正如《荀子·天论》中所说："万物各得其和以生，各得其养以成。"[1]这句话强调人类应遵循自然界固有的规律，让万物与自然界和谐共存，共同繁荣。

除了"天人合一"的思想，"道法自然"的观念也为我们提供了重要的启

---

[1] 荀子[M].方勇，李波，译注.北京：中华书局，2015：266.

示。这一观念认为万物都按照自己的规律发展，人类应当顺应自然，尊重自然。这要求我们在生产活动中要遵循自然规律，避免对生态环境造成不可逆的损害。另外，中华优秀传统文化还强调"和合共生"的理念。这一理念主张不同事物之间的和谐共处，相互促进，共同发展。在处理人与自然的关系时，这一理念启示我们要尊重自然界的多样性和复杂性，努力实现人类发展与生态环境的和谐统一。

总之，中华优秀传统文化中的"天人合一""道法自然""和合共生"等理念，为解决全球生态环境问题提供了宝贵的思想资源和方法论启示。这些理念强调人类与自然的和谐共生，尊重自然规律，注重资源的合理利用和可持续发展。在全球生态环境问题日益严峻的背景下，我们应当深入挖掘和弘扬这些优秀传统文化理念，将其与现代环境保护理念相结合，共同推动全球生态环境的改善和可持续发展。

第四章
中华优秀传统文化传承创新面临的机遇与挑战

随着全球化的深入和科技的发展,中华优秀传统文化的传播更加便捷、多元,为其传承与创新提供了广阔的空间和丰富的资源。然而,文化多元化、传统与现代之间的张力、文化传承人才短缺及西方文化的冲击等问题也不容忽视。中华优秀传统文化在当今时代既迎来了传承创新的重大机遇,也面临着前所未有的挑战。在这一背景下,如何抓住机遇、应对挑战,实现传统文化的创造性转化和创新性发展,成为当代中国人亟待思考的问题。

第一节 中华优秀传统文化传承创新的机遇

中华优秀传统文化传承创新的机遇,来源于全球化时代的文化交流与融合。中华文化本身就具备兼容并蓄的特质,随着国际文化交流的深化,中华优秀传统文化的传承与创新有了更广阔的舞台。同时,信息技术的发展也带来了前所未有的便利,数字化、网络化等技术手段为文化创新提供了强大的支撑。此外,国家对文化事业的高度重视和政策支持也为优秀传统文化的传承创新提供了坚实的保障。这些机遇共同为中华文化的传承与创新带来了无限的可能。

一、全球化带来了更多文化交流的机会

在全球化的背景下,文化交流和文化融合为我们带来了新的机遇。它促

进了各国之间的文化交流和合作,有助于打破文化壁垒和偏见,增进不同文化之间的相互了解和尊重。同时,全球化为文化创新和发展提供了更广阔的舞台和更多的可能性。文化交流和文化融合可以激发人们的创造力和想象力,为文化创新和发展注入新的活力。随着全球化进程的加速与信息技术的发展,国际的文化交流变得日益频繁和深入,不同文化间的碰撞与融合成为常态。在这一背景下,中华优秀传统文化得以跨越地理和文化的界限,在全球范围内广泛传播,与各国文化进行深入对话。

这种跨文化的交流将中华优秀传统文化推向国际舞台,并不断提升中华文化的影响力。同时,不同文化间的碰撞和交流为中国传统文化注入了新的元素和活力,促使其在交流中实现自我更新和发展。中国传统节日,如春节、中秋节和端午节等,作为中华文化的重要载体,在全球化的过程中也得到了越来越多的关注和参与。这些节日以其独特的文化内涵和庆祝方式,吸引了全球的参与者,成为展示中华文化魅力的重要平台。此外,中国的多个文化项目也成功入选世界非物质文化遗产,如昆曲、古琴艺术、新疆维吾尔木卡姆艺术、蒙古族长调民歌、中国篆刻、中国书法、南京云锦织造技艺、中国传统木结构建筑营造技艺和中医针灸等。这些项目展现了中华文化的多样性和独特性,也证明了中华文化在世界文化交流中的重要地位。

这种跨文化的交流有助于促进不同文化之间的相互理解和尊重。通过深入了解其他文化,人们可以消除对不同文化的误解和偏见,更客观地看待和评价自己的文化和他人的文化。这种相互理解和尊重不仅有助于构建文明的文化氛围,推动世界文化的繁荣发展,同时也为不同文化之间的交融和创新提供了更开放、更包容的国际环境。

二、科技发展带来的传播手段升级

中华文明有着数千年的连续性,蕴含着丰富而深厚的精神文化资源。从浩瀚的典籍中的精彩篇章,到博物馆里的珍贵文物,再到广袤大地上的文化遗产,都展现出中华文化的博大精深。在新时代,弘扬中华优秀传统文化的过程中,我们既要继承传统文化的精华,也要在此基础上进行创新和转化,推动文化向前发展。面对数字经济时代的发展要求,我们需要在技术和文化之间找到平衡点。如何将价值内容与技术元素相结合,如何推动文化创新并创造出具有鲜明特色的文化产品,以及如何用恰当的语言表达中国文化,向世界展示中国文化的当代性,这些都是我们面临的重大挑战。

随着科技的迅速进步,互联网和新媒体已深深融入我们的日常生活,尤其在文化传播方面,它们发挥着越来越关键的作用。诸如虚拟现实、5G、人工智能、数字孪生和云计算等数字技术,被广泛应用于传统文化艺术的创新展示和传承传播。这些技术不仅改变了传统的生产生活方式,还为社会带来了全方位的变革。数字技术与优秀传统文化的结合,不仅丰富了文化的存储介质和载体,还革新了文化的演绎和呈现形式。此外,它还开辟了新的文化传播互动渠道,催生了文化的新生机和新生态。这种结合为优秀传统文化的传承创新注入了新的动力,为其持续发展提供了强大的动能。

数字化技术为优秀传统文化带来了更丰富的表现形式和传播渠道。我们应当积极利用数字技术将优秀传统文化资源转化为社会共享的文化成果,引导广大人民群众对优秀传统文化的消费理念,以满足广大人民群众不断增长和个性化的需求。通过创新的设计和创意,我们将传统文化融入日常生活,结合当代审美和价值观,赋予其新的生命力和趣味性。例如,河南广播电视台的《唐宫夜宴》节目,巧妙地利用了5G+VR技术,将博物馆中的文物与诙谐灵动的小宫女相结合,营造出博物馆奇妙夜的氛围。这种创新的方式变革了博物馆文化的展现形式,增强了广大人民群众对传统文化的兴趣和热爱。新型文化产品的创造并不是简单地复制传统文化,而是基于传统文化元素,以现代意识为指导,赋予其新的时代内涵和现代表达形式。通过这种方式,我们可以以传统文化为依托,创造出既具有文化底蕴又具有时代感的文化作品,为传统文化的传承和发展作出贡献。

三、市场需求与文化产业的发展

随着人们生活水平的提高和审美观念的转变,对文化消费的需求不断增加。人们对传统文化的关注度越来越高,对传统文化产品和服务的需求也在持续增长。这一市场需求的变化,展现出国人对文化认同和文化自信的增强。为文化产业的发展提供了巨大的机遇,同时也促进了传统文化与现代市场的结合。

近年来,中国传统文化类电视节目通过融合传统文化与娱乐元素,借助数字技术的力量,为观众呈现了一场兼具传统韵味与现代感的视觉盛宴,深受精英和大众的喜爱与支持。如《中国诗词大会》《汉字英雄》《成语英雄》等节目之所以能够热播,不仅因为它们在艺术形式上的创新、舞台设计的精美及嘉宾选手所散发的个人魅力,更因为它们精准地把握了当前中国社会的文化脉搏。这些节目深深植根于中国传统文化的土壤之中,有效地缓解了现代人在生活中普遍感受到的文化渴求和认同焦虑,体现了人文精神的回归。这一现象反映出,随着中国经济的蓬勃发展,人们对于本国优秀传统文化的热爱也在不断升温。人们自觉地去了解和学习传统文化,展现出了对中国传统文化更强烈的自信心,从而推动了传统文化的复兴。

此外,传统手工艺品和民族服饰作为中华优秀传统文化的重要组成部分,在市场上受到了越来越多的关注和追捧。这些产品不仅仅是物质的载体,更是蕴含着丰富的文化内涵、民族精神和历史价值。传统手工艺品如刺绣、剪纸、玉雕、陶艺等,每一件都凝聚着匠人的心血和智慧,传递着独特的美学观念和技艺传承。民族服饰则以其独特的款式、色彩和图案,展现出各民族的文化特色和精神风貌。在年轻人中,传统的手工艺品和服饰尤其受到追捧,在一些重大节假日和旅游景点,身着传统服饰已经成为一道亮丽的风景线。这表明,随着时间的推移,中国人对西方文化的崇拜和狂热已经逐渐回归理性。中国的人文精神已经回归到植根于中国土壤的中国传统文化上,展现了当代中国人民的民族自豪和文化自信。这种自信不仅来源于经济的崛起,更来自于对中华优秀传统文化的深入了解和认同。

市场的需求对这些传统手工艺品和民族服饰等文化产品提出了更高的要求,促进了市场的发展和不同文化之间的嫁接和融合。为了满足现代人的审美和需求,传统手工艺品和民族服饰在材质、设计、工艺等方面不断推陈出新,将传统元素与现代时尚相结合,打造出既具有传统文化韵味又符合现代审美的产品。这种市场需求的变化不仅推动了文化产业的发展,更为中国传统文化的传承和创新注入了动力。

四、国际交流与合作的机会增加

全球化让不同国家和地区的人们联系得更为紧密和广泛,同时也为文化交流提供了更为便捷的通道。信息技术的迅猛发展和交通工具的便捷性,使得世界各地的联系变得更加紧密,不同国家与地区间的文化交流也变得更为便利。随着中国国际地位的提升和对外开放的深化,与其他国家的文化交流与合作日渐频繁且深入。这种交流与合作不仅增进了中国与世界各国的友好关系,还为中华优秀传统文化在国际舞台上提供了更多的传播和展示机会。

中华优秀传统文化拥有着悠久的历史、深厚的底蕴和丰富的内涵。儒、道、墨、法等学派展现了中国哲学的“现世性”,即其关注焦点在于人的生存。同时,不同民族和地区又各自拥有独特的语言文化、服饰文化、饮食文化等丰富的内容,展现出各具特色的文化魅力。通过参与国际文化交流活动,中华优秀传统文化得以在国际舞台上大放异彩。例如,中国与其他国家共同举办的文化年节庆活动、艺术展览、文艺演出等,为中国传统文化提供了展示的平台。在这些活动中,中国传统艺术表演如京剧、杂技、舞蹈等得以精彩呈现,同时还有中国传统工艺品如剪纸、刺绣、陶瓷等展示,让世界各国人民深入领略中华优秀传统文化的独特魅力和价值。

随着对外开放的持续深入,中华优秀传统文化正逐渐走向世界舞台。众多中国的文学作品、电影和电视剧在国际上赢得了广泛的关注和赞誉。电影《封神第一部:朝歌风云》已经在多个海外市场成功上映。影片中展现的具有鲜明东方美学特色的服装,以及通过木雕、刺绣、风筝等非物质文化遗产技艺打造的道具和布景,为全球观众带来了独特的视觉享受和文化体验。这些元素不仅展示了中华优秀传统文化的独特魅力,也让更多的人领略到中国非遗技艺的精湛与非凡。

五、政策的支持与保障

我国政府近年来对于文化产业的发展给予了高度的重视,出台了一系列政策措施,旨在鼓励文化创新、推动文化产业的发展。2015 年 7 月 11 日,国务院办公厅印发《关于支持戏曲传承发展的若干政策》,中共中央办公厅、国务院办公厅于 2017 年印发《关于实施中华优秀传统文化传承发展工程的意见》,教育部、国家语委于 2018 年印发《中华经典诵读工程实施方案》,中共中央办公厅、国务院办公厅于 2021 印发了《关于进一步加强非物质文化遗产保护工作的意见》对中华优秀传统文化的传承和创新发展作出了部署和规划。相应的各省(区、市)也根据自身地方特色出台相关政策,改造提升传统文化的业态。这些政策不仅为传统文化提供了政策、资金、技术等方面的支持,更为其创造了一个良好的发展环境。

在相关政策的推动下,中央电视台推出了一系列具有深厚历史底蕴的传统文化栏目,如《中国诗词大会》《经典咏流传》《典籍里的中国》《舌尖上的中国》等。这些栏目从诗词、历史故事、美食等多个角度,对中华优秀传统文化的传承和创新进行了深入解读,吸引了广大观众的关注。同时,各地方政府也积极挖掘本地的文化特色,推出了一系列具有地方特色的文旅产品。例如,西安的"大唐不夜城"展现了盛唐时期的文化底蕴,让游客感受到浓厚的历史氛围;又如哈尔滨的冰雕艺术展现了北方冰雪文化的独特魅力。这些文旅产品不仅丰富了游客的文化体验,也促进了地方经济的发展。通过这些政策和措施,中华优秀传统文化得到了更好地传承和发展,同时也为国内外游客提供了一种全新的文化旅游体验。这不仅有助于提升中国文化的国际影响力,也有利于推动中华文化的繁荣发展。

除了上述措施,政府还高度重视中华优秀传统文化的教育普及工作。在教育领域,政府鼓励各级学校开设与优秀传统文化相关的课程,通过系统的课程教育和丰富的课后活动,提高学生的兴趣和了解程度。此外,政府还利用具有浓郁文化特色的传统节日,如春节、端午节、七夕节和中秋节等,举办各种传统文化活动。这些活动通过媒体宣传、艺术展览和民俗表演等形式,让更多人亲身体验传统文化的魅力,进一步增强文化自信。这些举措的实施,不仅有助于传承和弘扬中华优秀传统文化,还能提高人们的文化素养和审美水平,推动文化与教育的深度融合。

这些政策措施的实施,不仅为中华优秀传统文化的发展提供了坚实的支撑,更赋予其新的活力。在政府的支持和引导下,越来越多的企业和个人开始积极关注并参与到传统文化的传承和创新工作中。这不仅促进了传统文化的多元化和创新发展,而且对文化产业的繁荣产生了积极影响。为传统文化的发展带来了新的机遇和挑战。这不仅有助于传统文化的传承和发展,也为文化产业的整体繁荣作出了积极贡献。

第二节　中华优秀传统文化传承创新面临的挑战

中华优秀传统文化在历史长河中,经历了数千年的演变和发展,积淀了丰富的历史底蕴。然而,在现代社会,传统文化面临着来自多方面的冲击,这些冲击对其传承和发展产生了不容忽视的影响。

一、外来文化的冲击

自鸦片战争西方列强打开中国的大门以来,西方文化对中国历史悠久的传统文化产生了持续的冲击。这种冲击既有被动的接受,也有主动的吸收。尽管如此,我们不能否认的是,从"洋务运动"到"五四"新文化运动,西方的"民主""科学"等理念确实为中国的儒家、道家、墨家、法家等传统文化带来了现代化的思考方式,开启了中华优秀传统文化的新视野。

在全球化的浪潮下,在中国改革开放和信息技术日新月异的背景下,西方文化、日本文化、韩国文化等外来文化大量涌入中国。这些外来文化的传入,不仅为中国带来了多元化的文化选择,更是从多个角度、多个层面对中国传统文化产生了深远的影响。外来文化从节日庆祝方式、流行文化元素到价值观等多个层面,都对中国传统文化产生了深刻的影响。

对于年轻一代来说,他们更加开放和包容,乐于尝试和体验不同的文化元素。西方节日如圣诞节、情人节乃至西餐等在中国越来越受到年轻人的欢迎。除了节日文化,西方的流行文化也在中国广泛传播,对中国的传统文化产生了一定的冲击。美国的电影大片、日本的动漫文化、韩国的流行音乐等外来文化元素曾经在中国年轻人中引起热潮,这些外来文化的传播给中华文化的认同感带来了一定的挑战。但是近几年,令人鼓舞的是,年轻一代在拥抱外来文化的同时,也开始重新审视本国传统文化的价值,并掀起一波"传统文化热"。这是一个令人欣喜的现象,标志着我们文化自觉和文化自信在逐步增强。

总的来说,外来文化对中国传统文化的冲击是多方面的。在全球化的背景下,我们需要更加重视传统文化的保护和传承,同时也需要对外来文化进行合理的吸收和借鉴，以推动中华优秀传统文化的创新和发展。

二、商业文化的冲击

市场经济的发展给传统文化的传承和发展带来了双重影响。一方面，在市场经济的大背景下，商业利益成为了推动社会发展的主要驱动力，有助于加速优秀传统文化的传播和推广。另一方面，商业文化所追求的利润最大化和消费主义等价值观，与传统文化中的儒家、道家、墨家、法家等思想的核心理念产生了显著的冲突。这些冲突导致传统文化在商业文化的冲击下逐渐弱化，一些优秀的传统价值理念不断受到多方面因素的冲击。

具体来说，中华优秀传统文化中的道德、礼仪、仁义、节俭等核心理念在商业文化的冲击下有逐渐被淡化的风险。商业文化往往注重短期利益和消费行为，而忽视了对传统价值理念的传承和发展。这种追求短期经济效益的行为可能会导致传统文化形式化、表面化，失去了其内在的深刻意义和独特魅力。在市场竞争的压力下，一些传统文化可能会作出妥协和牺牲，以迎合大众的口味和审美。这种改变可能会导致传统文化失去其独特的风格和特点，变得与原貌大相径庭。例如，一些历史剧的剧本为了吸引观众而大幅度偏离历史事实，这种传播可能导致观众对历史的误读和误解。在商业文化的强烈冲击下，一些珍贵的传统文化元素和精湛技艺正逐渐失传。这些元素和技艺不仅融合了实用性与审美性，更承载着独特的区域特色、历史传承和人文内涵，彰显了中华民族传统文化的鲜明个性。然而，随着市场经济的蓬勃发展，人们往往片面追求短期经济利益，将一些传统著名的手工艺品进行机械化批量生产。虽然现代化的生产方式在一定程度上刺激了经济的快速增长，能够更广泛地满足市场需求。但是这种生产方式不仅丧失了传统手工制品精雕细琢的独特魅力，更导致产品质量参差不齐，产品雷同现象严重，逐步剥夺了其艺术灵魂。同时，这种商业化的趋势也使得许多传统工艺传承人难以找到自己的定位和实现自己的价值,从而被迫放弃自己的艺术特色和观赏价值。这种现象不仅令人痛惜,更是对传统文化传承和发展的严峻挑战。

这些现象应当引起关注和反思,因为传统文化不仅是文化遗产,更是民族认同和文化自信的重要支撑。这种现象对传统文化的保护和传承带来了严峻的挑战。如何在商业化活动中保持传统文化的本色,确实是一个值得我们关注的问题。

三、地域文化差异

中国地域辽阔,民族众多,历史悠久。在历史的长河中,各种文化既各自发展,又相互交融,形成了绚丽多彩且影响深远的中国特色文化。然而,在传承和创新优秀传统文化的过程中,如何平衡不同地区的文化差异,保持其独特性和多样性,同时实现整体保护和传承,确实是一个具有挑战性的问题。

首先,各地区的传统文化具有独特性和多样性。由于不同的地理因素、气候环境、历史演变等多方面因素的影响,不同地区的传统文化呈现出各自鲜明的特点和风格。例如,南方的水乡文化和北方的草原文化、东部的海洋文化和西部的沙漠文化,都各有特色,从而造就了不同地区不同民族在性格特点、思维方式、语言文字、服饰饮食等方面的独特性。

其次,在传统文化的传承和发展过程中,各地区之间存在着一定的差异。受到经济发展不均衡的影响,不同地区间的经济文化发展水平及其发展策略呈现出显著的差异,这也导致了传统文化在传承和发展上的不平衡性。在东部和南部经济较为发达的地区,由于人们的受教育程度普遍较高,信息接收和传播的速度较快,政府也有相对充足的资金支持,这为传统文化的传承和创新提供了良好的环境和条件。这些地区的传统文化在得到保护和传承的同时,也能够与现代文化元素相结合,进行创新和发展。然而,在西北部偏远落后地区,经济发展相对缓慢,人才流失严重,导致传统文化的保护和传承面临更多的困难和挑战。

因此,兼顾各地区的文化差异、保持其独特性和多样性、实现整体保护和传承是一项复杂而艰巨的任务。需要政府、社会各界和学术界的共同努力和合作,共同推动传统文化的传承和创新工作。通过多方面的合作和努力,可以更好地平衡各地的文化差异,保护和传承中华优秀的传统文化,推动文化多样性的发展。

四、文化需求多样化的挑战

古人云"仓廪实而知礼节,衣食足而知荣辱",随着改革开放的深入推进,人们的生活水平逐渐提高,对于物质与精神的需求也发生了显著变化,对于文化生活的需求日益增长。这种需求的变化,对中华优秀传统文化的内容与表现形式提出了新的要求。过去,传统文化多以一种相对固定、统一的方式得以传承。然而,现代社会中,人们的文化需求更加多元化和个性化。这种趋势要求传统文化在兼容并蓄中不断创新,以满足人们多样化、个性化的文化需求。

由于每个人的文化背景、审美倾向和价值观念都各不相同,他们对于传统文化的理解和接受方式自然也千差万别,因此带来了文化多样化、个性化的需求特征。为了确保优秀传统文化能够深入人心、代代传承,我们必须在传承过程中更加注重个性化文化内容的打造。传统文化的传承需要充分考虑不同人群的特点和需求,采取更加灵活多样的传承方式,以满足不同人群的文化需求。这对传统文化的传承创新发展提出了更高的要求。传统文化要在现代社会中保持生命力,实现创造性转化和创新性发展,就必须与现代社会相融合、与广大人民群众的需求相结合。这要求我们在传承传统文化的过程中,既要保持其核心价值和精神内核不变,又要结合现代社会的特点和需求,在继承传统的基础上不断的创新发展。只有这样,传统文化才能在新时代中焕发出新的活力。

此外，文化需求多样化还要求我们在传承创新优秀传统文化时更加注重跨文化传播和交流。在全球化的背景下，不同文化之间的交流与融合成为常态，而中华文明的发展史也证明了文化只有在不断交融中才能实现丰富和创新。因此，我们需要积极推动中华优秀传统文化走向世界，与其他文化进行对话和交流，增强国际社会对中华文化的认知和认同。同时，我们也可以吸收借鉴其他文化的有益成分，为传统文化的传承创新注入新的活力。

五、网络文化的影响

信息技术的发展，尤其是网络的兴起，极大地改变了文化传播的方式。它打破了传统的地域限制，使得文化的传播更加迅速、广泛和深入。网络文化为传统文化提供了一个全新的传播平台，让更多的人能够接触到和欣赏到传统文化的魅力。然而，网络文化也存在明显的负面因素。由于网络信息的多元性和开放性，一些不真实或曲解传统文化的观点或内容容易误导公众，导致人们对传统文化的认知产生偏差。此外，网络文化中有时会出现低俗化、商业化的现象，一些人为了追求点击量或关注度，可能会对传统文化进行不负责任的解读或利用，这不仅损害了传统文化的价值和意义，也在一定程度上削弱了人们对传统文化的认知和认同。

此外，网络语言和表情包的使用也对中国传统语言文字产生了影响。网络语言的产生和发展，是适应现代交流方式的一种变化，但其对传统语言的影响却是前所未有的。例如一些谐音字、简化语的使用，如用"酱紫"代指"这样子"，用"竹叶"代指"主页"、用yyds代表"永远的神"等。此外。年轻人在网络聊天中还喜欢使用表情包，用一些图片直接代替了语言文字的使用。虽然网络语言和表情包的使用交流中简化了表达，但是却造成了年轻人的语言文字表达能力以及独立思考能力的下降。"中国青年报社社会调查中心联合问卷网(wenjuan.com),对1333名青年进行的一项调查显示,53.3%的受访青年感觉近几年自己的语言文字表达能力下降了,35.7%的受访青年感觉表达能力原地踏步。"❶频繁使用网络语言和表情包,不但会造成年轻人"文字失语"的现实问题,甚至可能对原本稳固的语言体系产生破坏。

因此,面对网络文化的兴起,我们既要看到其对传统文化传播的积极作用,也要警惕其可能带来的负面影响。

---

❶ 王志伟.超半数受访青年感觉近几年自己的语言文字表达能力下降[EB/OL].(2024-01-19)
[2024-02-27].中国青年网:http://news.youth.cn/jsxw/202401/t20240119_15033318.htm.

第五章

中华优秀传统文化传承创新的路径

　　传承与创新中华优秀传统文化,不仅是推动中国特色社会主义文化建设的核心使命,更是实现社会主义文化强国目标的重要基石。在全球化、信息化和多元化交织的国际国内大环境,我们必须持续增强对中华优秀传统文化传承与创新的能力和水平,确保其与现代社会的脉搏紧密相连。通过现代阐释、科技助力和加强交流等多种路径,我们能够更有效地挖掘和展现中华优秀传统文化的深厚价值,不断满足人们日趋丰富的文化诉求,从而进一步提升国家的软实力与国际影响力。

第一节　立足当代,提升对中华优秀传统文化的深入研究与精准阐释

　　研究与阐释中华优秀传统文化的当代意义,是推动文化传承与创新的重要路径。儒家、道家、墨家、法家等思想在封建社会中发挥了维护社会伦理、保障政府运作和推动国家建设的关键作用。然而,随着时代的变迁,其中一些观念与现代社会的价值观和思维方式存在一定的相悖之处。因此,我们需要站在当今时代的角度,深入挖掘传统文化理念中的合理元素,对其进行整理和再创造,使其更好地适应现代社会的需求,以满足中国特色社会主义建设的需要。

一、我们需要对中华优秀传统文化发展历史进行深入的研究

中华优秀传统文化在漫长的发展过程中,积累了丰富的智慧和经验。通过深入研究这些文化元素的形成、演变和影响,我们可以深入了解中华民族的精神追求和价值取向。同时,我们也可以从中汲取灵感,为当今社会的发展提供有益的借鉴。通过深入挖掘和研究中华优秀传统文化的形成和发展过程,我们可以更好立足历史、把握当下、展望未来。只有深入了解中华文明的根脉,我们才能真正地把握历史发展的规律,增强历史自觉,坚定文化自信。

中华优秀传统文化的形成和完善,可以追溯到商周时期。这一时期,中国的文字制度已经相当完善,为中华文明的传承和发展提供了重要的工具。同时,商周时期还创造了著名的青铜文化,展现了中华民族的卓越艺术和工艺水平。此外,商周时期还形成了完备的礼乐制度,为古代社会的政治、文化和宗教生活提供了重要的规范和指导。

春秋战国时期是中国文化发展史上的重要里程碑。这一时期,儒家、道家、墨家、法家等诸子百家争鸣,各种思想流派百花齐放,奠定了此后几千年中国人文精神的框架。儒家的仁爱与礼义、道家的自然与无为、墨家的兼爱与非攻、法家的法治与国家治理等思想,搭建了中国封建社会"外儒内法"的社会形态。这些思想至今仍然散发着智慧的光芒,对我们的人际关系、治国理政等方面具有重要的指导意义。

此外,中国地域辽阔、民族众多,形成了丰富的地域文化和民族文化,这些地域文化和民族文化是中华优秀传统文化的重要组成部分,它们在历史的演变中不断发展、交融,形成了独具特色的文化传统。同时,中华优秀传统文化中还蕴含着丰富的艺术精神和审美观念。无论是古典音乐、绘画、书法还是戏曲、舞蹈等艺术形式,都体现了中华民族对美的追求和创造。这些艺术作品不仅具有极高的艺术价值,也是中华文明的精神象征。

二、我们需要对中华优秀传统文化进行精准阐释

加强传统文化的现代阐释是提升中华优秀传统文化研究水平的重要环节。精准阐释中华优秀传统文化,是当前时代的一项重要任务。这一过程一方面有助于我们更好地了解中国自身的文化的内容和历史发展,另一方面也是在全球化的背景下,向世界展示中华文明的独特魅力和智慧。

由于历史和现实的种种原因,中华优秀传统文化在传承和发展过程中面临诸多挑战。其中最大的问题之一,就是如何对传统文化进行精准阐释。由于语言、历史背景、文化差异等因素的限制,很多传统文化的内容在传播过程中容易被误解或歪曲。例如,传统文化中的"礼"并不只是表面的仪式,它更多的是对社会关系的规范和约束,强调的是人与人之间以及国家与国家之间的和谐与尊重。

此外,随着时代的变迁和社会的发展,传统文化中的一些观念和思想可能与现代社会存在一定的差异和距离。因此,为了使传统文化更好地融入当代社会,需要进行现代转译和阐释。儒家思想中的"仁爱"理念,虽然在中国历史上占据着重要的地位,但在现代社会中,我们需要将其与现代的人权观念、平等思想等相结合,以更好地阐释其内涵和价值。同样,道家思想中的"道法自然",也需要我们将其与现代的可持续发展观念、环境保护思想等相结合,以便更好地应用于现代社会。

此外,对传统文化进行现代转译和阐释,也有助于消除人们对传统文化的误解和偏见。由于历史和现实的种种原因,传统文化在某些人心中可能留下了刻板的印象或负面的评价。通过现代转译和阐释,我们可以让更多的人了解传统文化的真实面貌和价值,从而增强文化自信和文化认同。

非常重要的一点是在进行现代阐释时,学者们需要注重传统文化的核心精神和价值,同时结合现代社会的特点和需求,对其进行适当的调整和创新。这种创新并不是对传统文化的否定或颠覆,而是在保持其核心价值的基础

上,对其进行符合时代发展的解读和阐述。通过这种现代性的解读和阐释,可以使其更加贴近当代人的生活和思想,增强其时代性和现实意义。

现代阐释还需要注重跨学科的研究方法。传统文化涉及的领域非常广泛,包括哲学、历史、文学、艺术等多个方面。因此,学者们需要具备跨学科的研究视野和方法,从多个角度对传统文化进行深入的研究和阐释。通过跨学科的研究方法,可以更加全面地理解传统文化的内涵和价值,为现代阐释提供更加丰富和深入的视角。

第二节　科技助力优化中华优秀传统文化的呈现形式

在当今时代,随着数字信息技术的飞速发展,诸如虚拟现实、5G、人工智能以及云计算等尖端技术已广泛应用于传统文化的保存、创新展现与传播之中。这些技术的发展不仅深刻影响了我们的生产与生活方式,还重塑了人们的交往模式,为中华优秀传统文化的传承与创新开辟了新的路径。正如《周易》所云:"穷则变,变则通,通则久",在数字信息技术的强大助力下,中华优秀传统文化正重新焕发出新的生机和活力。

一、数字信息技术丰富中华优秀传统文化的传承保护载体

加强中华优秀传统文化保护与传承,离不开对文化遗产进行存储、修复等大量工作。我国拥有众多的文物古迹和历史遗存、浩如烟海的历史文献与古籍版本以及丰富的非物质文化遗产。然而,由于风化、腐蚀、自然灾害等因素,这些宝贵的文化资源难以长久留存。数字技术的发展为这些珍贵文化资源的保护和传承提供了有效的解决方案。通过利用先进的数字化技术,我们能够对传统文化资源进行高精度、高效率的采集、整理和存储。这不仅可以确保这些资源得到妥善保管,而且还能建立起数字化档案和数据库,实现传

统文化的数字化保存与传承。

首先,依托人工智能、虚拟现实、云计算等数字技术可以搭建专业的文化遗产数字资源库,通过系统化地搜集、整理和分类,对古迹、古物、古书和非物质文化遗产进行整合分类。通过利用高清晰度的扫描仪、摄像机等设备,我们可以将这些珍贵的文化遗产转化为数字信息,以图像、音频、视频等形式进行保存。这不仅加强了对这些文化遗产的保护,而且更便于展示和活化利用,让更多人了解和欣赏中华优秀传统文化的魅力。例如,故宫博物院和敦煌研究院已经建立了"故宫博物院藏品总目"数据库和"数字敦煌"资源库,这为中华文化遗产的保护和传承提供了传承保护载体。

其次,对于已经出现缺损或丢失的资料,数字技术可以发挥其独特的优势,进行高精度的修复和复原。对于历史建筑,利用三维扫描和重建技术,可以对建筑进行高精度的复制和复原,尽可能地使其恢复到原始的状态。对于文物,通过图像处理和修复技术,可以对文物进行数字化修复和复原,努力还原其原有的色彩和形态。此外,对于非物质文化遗产,如戏曲、音乐、舞蹈、技艺等,利用信息提取、3D建模重构、可视化分析等数字化技术进行录音、录像和复原,使这些珍贵的文化遗产得以保存和展现。在运用传统方式对文物进行修复和保护的同时,还可以借助数码显微技术、三维虚拟技术等数字化手段,解决手工修复无法完成的难题。通过数字技术的运用,不仅实现了实体复原和非物质遗产的复原,还大大延长了历史文化遗产的存储生命周期。

数字化采集与存储是利用科技推动中华优秀传统文化传承与创新的重要方式之一。通过全面、系统地采集、整理、修复和存储传统文化资源,我们建立起完善的数字化档案和数据库,为传统文化的传承和创新提供坚实的支撑。

二、数字信息技术革新中华优秀传统文化的呈现形式

随着信息技术的进步和互联网的普及,数字文化以其独特的数字性、开放性、虚拟性、跨时空性和立体性等特点,深入渗透到社会各个角落,为中华优秀传统文化的传承与发展注入了前所未有的活力。数字信息技术将声音、图片、文字、动画、影视等多种现代媒体元素融入传统文化的展示中,通过虚拟现实(VR)和增强现实(AR)等技术,使历史内容变得可视化、形象化和立体化。这为传统文化的传承和创新提供了一种革命性的新途径。通过这些先进技术,我们可以生动再现历史场景、古代建筑和珍贵文物等,使观众仿佛穿越时空,置身于真实的历史场景之中。这种技术不仅丰富了观众的感官体验,还加深了他们对传统文化的理解和认同,激发了观众的了解和学习热情。

在博物馆里,传统的展示方式往往受展品的数量和空间的限制。而数字信息技术的运用则打破了这一限制,通过虚拟空间等技术的运用,可以创建出逼真的三维虚拟场景,观众可以在任何时间、任何地点深入探索博物馆的各个角落,增强了观众的感知和互动需求。例如,观众可以"走进"一座古代宫殿,参观当时的建筑风格,感受当时的宫廷生活,领略当时的文化色彩。这种沉浸式的体验让观众更加直观、更加深入地了解历史和文化,提高了他们的参与度和体验感。以数字故宫为例,它们通过创新的展示形式和真实可感的体验,让人们能够"云游"历史文化场景,领略故宫文化的深厚底蕴。这些数字化的展示方式带给观众时间和空间上的便利。通过 VR 设备,他们在家中就能游览博物馆,感受传统文化的魅力。这种远程的参观方式不仅方便了观众,还有助于扩大传统文化的受众范围,让更多人能够接触到和感受中华文化的魅力。

除了博物馆,虚拟现实和增强现实等技术也在景区和文艺表演等领域展现出广泛的应用价值。在景区,虚拟现实和增强现实技术为游客提供了互动式的导游服务,使游客能够深入了解景点的历史背景和文化内涵。这不仅增

强了游客的体验感,还大大方便了景区对自身历史文化的宣传。在文艺表演中,虚拟现实和增强现实技术能够创造出独特的舞台效果,为观众带来前所未有的视听体验。这些技术打破了传统舞台的限制,通过数字影像和音效的结合,创造出奇幻、震撼的演出效果,为观众带来更加沉浸式的观赏体验。例如,河南广播电视台的"中国节日"系列节目巧妙地融入了丰富的传统节日文化元素,并通过科技创新的助力,将历史、现实与未来相互融合。这不仅通过数字技术完成了对传统节日的全新呈现,同时还展现出了传统与现代、历史与未来的交融之美。这种呈现方式让观众得以深入领略传统节日的历史文化魅力,也为传统文化注入了新的生命力与时代特色。

三、数字信息技术拓展中华优秀传统文化的传播途径

数字信息技术的发展给人类社会生活带来了划时代的变革。在当前的信息化社会中,互联网和社交媒体已成为信息传播的重要渠道。据中国互联网络信息中心发布的第52次《中国互联网络发展状况统计报告》统计,截至2023年6月,我国网民数量已达10.79亿人,相较于2022年12月增长了1109万人,互联网普及率高达76.4%。同时,短视频作为一种流行的信息传播方式,用户规模也达到了10.26亿人。数字信息技术的发展催生了各种新媒体的诞生和迭代。新媒体的出现和演变改变了信息的呈现、传达和展示方式,为中华优秀传统文化的传播提供了多样化的平台和渠道。

随着网络和新媒体的广泛普及,人们如今能够更加便捷地通过文字、图片、短视频和直播等方式,利用微信、抖音、快手、哔哩哔哩等视频平台和公众号,来发布、传播、获取中华优秀传统文化的信息。在数字技术的助力下,新媒体将互联网与各种电子产品的移动终端紧密结合,能够直接将储存在互联网云端的数字化信息传递给广大受众。这种新型的传播形式不仅突破了传统媒介下文化产品单向传播的限制,而且打破了时空的壁垒,实现了优秀传

统文化的多元共享和多向互动。这一变革不仅极大地提升了文化传播的速度，更为重要的是，它拓展了传播的空间范围，让更多人能够更为便捷地接触并深入了解中华优秀传统文化的独特魅力。

数字技术对于中华优秀传统文化的传播具有"双刃剑"效应，需要辩证地看待两者之间的关系。相较于传统媒体，新媒体在权威性和公信力方面有一定的局限性。新媒体打破了传统媒体的效率低、形式单等弱势，使得传播模式从"一对多"向"多对多"跃迁。同时，新媒体具有普及度高、互动性强、承载量大等优势。这种变化推动了受众群体从"被动接受"转变为"主动参与"，进一步增强了文化传播的互动性和参与性。然而，数字信息技术所形成的信息爆炸也存在一定的负面作用，如信息质量低下、知识产权保护等问题。

因此，相关部门需要采取一系列措施来强化对信息内容的监管与引导。具体来说，利用大数据和人工智能等技术手段，可以对社交媒体上的用户行为进行分析，深入了解用户对传统文化的兴趣点和需求。在此基础上，我们应鼓励发布高质量、富有创意的传统文化内容，并针对性地策划和推广相关活动。通过这些努力，我们可以让更多的人深入了解、真心喜爱并积极传承中华优秀传统文化，夯实优秀传统文化在新时代传承与创新的基础。

第三节　加强交流与互鉴，
提升中华优秀传统文化的国际影响力

在全球化日益深化的今天，中华优秀传统文化的传承与创新已经成为了中国特色社会主义文化建设的重要内容。历史证明，文化交流与互鉴是推动文化发展、增强文化影响力的有效途径。为了提升中华优秀传统文化的国际影响力，我们必须深入挖掘并创新发展其当代价值。这不仅需要我们深入理解传统文化的精髓，还需要结合时代背景和社会需求，进行富有创造性的转化和发展。只有这样,中华优秀传统文化才能更好地适应现代社会的需求,并为其在全球范围内的传播和影响奠定坚实基础。

一、加强国际交流,展示中华优秀传统文化魅力

季羡林认为,中华优秀传统文化的弘扬有两个方面的意义:"一个是在国内弘扬,一个是向国外弘扬。"[1]他曾形象地说,我们不但要奉行"拿来主义",还要想方设法实行"送去主义"。通过加强国际交流与合作,将中华优秀传统文化推向世界,不仅可以增强国际社会对中国的理解和认同,还可以为解决全球性问题提供智慧和方案。因此,我们应该积极推动中华优秀传统文化的国际传播,加强与世界各国的文化交流与互鉴,共同促进文化多样性与世界和平发展。

通过国际交流展示中华优秀传统文化魅力是文化自信的必然要求。鸦片战争以来,由于受到西方先进工业文明的冲击,一些国人产生了自卑感,认为中国在技术、制度和文化方面都不如人。在寻找中国文明前进方向的道路上,出现了盲目崇拜西方、完全否定自身民族传统的现象。这种现象体现在对以儒家、道家、墨家、法家为代表的中国传统文化的激烈批判和否定上。尤其是作为封建正统的儒家思想,受到了激烈的批判与否定。习近平总书记在文章《把中国文明历史研究引向深入增强历史自觉坚定文化自信》中指出,"对中华传统文化,不能一概否定,要坚持古为今用、推陈出新,继承和弘扬其中的优秀成分"。并引用毛泽东同志说过的:"孔夫子所以成为圣人,是因为他是革命党,到处参加造反。说孔夫子著春秋'而乱臣贼子惧',那是孟子讲的。其实当时孔夫子周游列国,就是哪里造反他就到哪里去,哪里想革命他就到哪里去。所以此人不可一笔抹煞,不能简单地就是'打倒孔家店'。"例如,在20世纪初的"新文化运动"中,一些知识分子提出了"打倒孔家店"的口

---

[1] 季羡林.传统文化之美[M].北京:大有书局,2020:247.

116

号,并提倡追求西方的民主和科学。他们认为,只有彻底摆脱传统文化的束缚,中国才能实现现代化。这种深度的文化自卑心理影响深远,持续了很长时间。直至改革开放时期,仍然有许多国人盲目崇拜西方,视西方文明为人类文明的最高峰。这种自卑心理阻碍了中国传统文化的自我肯定和发展,也影响了中国对自身文化传统的认知和评价。然而,随着时间的推移和国人对文化自信的增强,人们开始重新审视和认识自己的文化传统。他们开始深入挖掘中国传统文化的独特价值和智慧,并重视和弘扬自己的文化传统。

随着冷战的结束,关于人类文明的发展走向,一些西方学者也提出了自己的观点。美国学者赛缪儿·亨廷顿(Samuel Huntington)在20世纪90年代提出了备受争议的"文明冲突论"(Clash of Civilizations)。该理论的核心观点是,未来世界的国际冲突主要源于文化因素,而非意识形态和经济因素。亨廷顿认为,不同文明的国家和集团之间的冲突将是全球政治的主要矛盾,而文明冲突将是未来世界和平的最大威胁。同时,他指出伊斯兰文明和儒家文明可能对西方文明构成威胁和挑战。另一位日裔美籍学者弗朗西斯·福山(Francis Fukuyama)在20世纪90年代提出了"历史终结论",认为西方的自由民主将成为人类文明的最终形态。福山的这一观点体现了强烈的西方中心主义。中国学者梁漱溟在其著作《东西文明及其哲学》中,提出了不同的观点。他认为,中国文明是一种以理智为基础的文明,并预测中国文明将战胜欧美文明。这种观点强调了中国文明的独特性和优越性。

西方学者的观点在某种程度上带有明显的西方中心主义色彩。事实上,近年来全球范围内的民粹主义、民族冲突、恐怖主义、贸易战争和生态环境恶化等问题日益严重,已经成为全球人类共同面临的挑战。历史已经证明,西方自由主义的文明形态并不是人类发展的终点。相反,中国传统文化的价值在经历了近代的低迷期后,重新焕发出璀璨的光芒。其核心价值理念在历史上对维护封建统治起到了重要作用,而在当前应对人类所面临的多种困境时,依然提供了独特的视角和深刻的启示。例如,儒家文化的"和为贵"理念主张和谐、和平与合作，对于缓解民族冲突和国际紧张局势具有重要意义；道家的"道法自然"思想强调尊重自然规律，与生态环境保护的理念相契合，为解决全球环境问题提供了智慧；墨家的"兼爱非攻"思想提倡博爱、平等和反对暴力，符合当前世界和平与发展的期望；法家的法制思想则强调规则和秩序的重要性，为当前的全球治理提供了思路。

在当前复杂多变的"百年未有之大变局"中，我们亟需深入挖掘和整理中华优秀传统文化的深厚智慧，并通过加强国际交流来充分展示中华文化的独特魅力。这一举措有助于提升中国文化的软实力，并为解决国际国内重大问题提供重要启示和借鉴。为了实现这一目标，我们必须积极拓展国际文化交流的多元渠道。通过策划和举办一系列精彩纷呈的文化展览、文艺演出以及学术论坛等活动，并借助先进的数字信息技术，我们可以将中华优秀传统文化的精髓推向世界舞台的中央，让更广泛的国际受众得以领略和欣赏中华文化的博大精深。同时，我们还应大力鼓励和支持国内科研机构、高等院校与国外相应机构建立紧密的合作关系，加强人才交流和互访，共同开展对中华文化的深入研究。沟通是一种双向的互动行为，我们要努力找到双方都能理解和共鸣的话语，用生动的故事和深入的文化解读来传播中国声音、展现中国形象。通过国际合作与共同努力，我们可以进一步挖掘和丰富中华优秀传统文化的深厚内涵与宝贵价值，推动其在全球化背景下实现更广泛的传播与影响。

二、吸收借鉴优秀文明成果，丰富和发展中华文化

兼容并蓄是中国传统文化的显著特点。正是由于这种"海纳百川"的精神，中华优秀传统文化才能够历经多次融合，形成了独特而丰富的价值理念和哲学智慧。在春秋战国时期，尽管诸子百家之间存在激烈的辩论和相互攻讦，但他们仍然相互吸收和借鉴对方的观点，不断丰富和提升自身的理论体

系。例如,儒家的"大同"思想就来源于墨家的影响;而法家思想的集大成者韩非子则吸收了儒家、墨家、道家等各家之长,形成了以法为中心的法、术、势相结合的政治思想体系。尽管自汉朝以来,汉武帝采纳了董仲舒的建议,实施了"罢黜百家、独尊儒术"的政策,但实际上,中国的治理结构一直是"外儒内法",儒法并用。中国文化从未将其他外来文化排除在外,而是积极吸收其他文化的合理成分,并将其融入自身的文化体系中。佛教文化的传入就是一个典型的例子,它不仅被中国接受,而且逐渐与本土文化相融合。在这种开放包容的文化氛围下,中华优秀传统文化得以在历史演变和朝代更迭中不断进行自我革新和完善,以适应时代发展的需求。因此,中国传统文化本身就具备自我更新和适应变化的传统与能力。

全球化的广阔背景下,人类面临着许多共同的问题和挑战,需要各国和各民族携手合作,共同寻求解决方案。因此,尊重文明的多样性显得尤为重要。每一种文明都有其独特的历史底蕴和价值观念,他们共同构成了人类文化的丰富多彩。在处理不同文明之间的关系时,我们应该秉持开放和包容的心态,坚决摒弃文化上的傲慢与偏见。尊重其他文明的文化传统和价值观念,积极促进不同文明之间的交流与合作,是我们共同应对全球性挑战的重要途径。20世纪50年代,周恩来总理提出的"和平共处五项原则",以及70年代邓小平同志倡导的"搁置争议、共同开发",充分体现了中国领导人在解决国际关系时的卓越智慧。这种原则和精神在应对当前人类面临的共同问题时,依然具有积极意义。这些原则和精神在应对当今人类共同面临的问题时,依然具有重要的指导意义。儒家"和"文化的智慧告诉我们,不同文明间只有相互尊重,才能实现长远的和谐发展。这种相互尊重的精神是推动文明间交流互鉴和共同发展的基石,也是推动人类社会进步与繁荣的重要动力。

中华优秀传统文化的发展不应被局限于封闭的环境,而应保持开放的态度。中国近代历史的经验已经证明,封闭必然会导致落后。因此,在传承和弘扬中华优秀传统文化的同时,我们也应该积极吸收其他的文明成果,将其融入到中华文化之中。这种开放包容的态度,实际上也是中华优秀传统文化一贯的历史传统。通过这种方式,不仅可以丰富中华文化的内涵和表现形式,还能增强其国际影响力和竞争力,进而增强中国文化的软实力。

三、创新传播方式,提高中华优秀传统文化的吸引力

为了提升中华优秀传统文化的吸引力,我们需要不断创新其传播内容和传播方式。在文化呈现上,可以尝试地将中华优秀传统文化的元素与现代艺术形式相结合,打造出既富含传统底蕴又具有时代特色的文化作品。以影视剧、音乐、舞蹈、戏剧等多元艺术为媒介,我们能够生动地展现中华文化的深邃魅力和博大精深,使观众在艺术的熏陶中深刻感受到中华文化的精髓和魅力。近年来,像《国家宝藏》《典籍里的中国》《衣尚中国》这样的国风综艺节目就为我们提供了很好的范例。这些节目巧妙地融合了戏剧、影视、文化访谈等多种艺术手法,尤其是情景剧、戏剧、舞蹈、音乐等多样化的表达形式,更是让博物馆中的珍贵文物、古籍中的文字记载、历史上的杰出人物都焕发出了新的生命力。这种创新的表达方式不仅展现了中国传统文化的深厚底蕴,也体现了当代中国人的审美情趣和文化追求。同时,节目中传递的"家国思想""和合理念"等中国传统价值观,也在观众中引起了强烈共鸣和热烈反响。这些节目的成功播出,无疑为传播中华优秀传统文化的当代价值和吸引力作出了积极贡献。

除了创新传播内容和传播方式,新媒体平台也为我们提供了传播中华优秀传统文化的广阔舞台。借助互联网和社交媒体的强大传播力,我们可以迅速且广泛地将中国传统文化的内容和活动信息传播到世界各地。例如,通过制作微电影、短视频等富有创意的内容,我们能够生动地展现中国文化的独特魅力,从而吸引更多海内外的关注。同时,我们还可以利用社交媒体等平台与观众进行互动,增强他们对中国传统文化的兴趣和参与度。以李子柒的

短视频为例，她以中国田园生活为创作背景，通过展示制作中国美食和手工艺品的日常生活，成功地将中国传统生活美学的精髓呈现给了国内外观众。她的作品不仅在国内赢得了广泛赞誉，在海外也广受欢迎。其中所展现的饮食文化，讲求顺应自然时令、追求天人合一的哲学理念，更是凝聚了中国人的生存智慧，让人深刻感受到了日常生活的审美情趣和人与自然的和谐共生。

此外，提升中华优秀传统文化的国际影响力，还可以通过加强文化产业创新发展的方式来实现。随着生活水平的提高，人们对精神文化产品的需求日益增长，文化产业作为新兴产业领域，展现出巨大的市场潜力和前景。发展文化产业不仅可以促进经济的繁荣，更能增强文化自信和文化认同。通过文化产业的推广，中华文化的国际影响力也将得到进一步提升。对此，政府应发挥积极作用，加强对文化产业的引导和扶持，为国内企业开展对外文化贸易和文化交流活动提供必要的支持。通过鼓励企业参与国际文化交流与合作，推动中华文化走向世界，让更多人了解和欣赏中华优秀传统文化的魅力。

综上所述，为了提升中华优秀传统文化的国际影响力，我们需要在多个层面进行创新和努力。通过加强国际交流、吸收世界各地的优秀文明成果、创新传播方式和加强文化产业创新发展，我们可以让中华优秀传统文化在世界舞台上焕发出独特的魅力，为中华民族伟大复兴贡献力量。

参考文献

[1]论语译注[M].杨伯峻,译注.北京:中华书局,2006.

[2]孟子[M].方勇,译注.北京:中华书局,2010.

[3]荀子[M].方勇,李波,译注.北京:中华书局,2011.

[4]老子[M].汤漳平,王朝华,译注.北京:中华书局,2014.

[5]庄子[M].方勇,译注.北京:中华书局,2010.

[6]礼记[M].胡平生,张萌,译注.北京:中华书局,2017.

[7]周易[M].黄寿祺,张善文,译注.上海:上海古籍出版社,2007.

[8]尚书[M].顾迁,译注.北京:中华书局,2016.

[9]陈来.现代儒家哲学研究[M].北京:北京大学出版社,2018.

[10]许倬云.中国文化的精神[M].北京:九州出版社,2018.

[11]汤一介.儒学十论及外五篇[M].北京:北京大学出版社,2009.

[12]萧功秦.儒家文化的困境[M].太原:山西人民出版社,2022.

[13]林国标.中国传统文化的转化创新研究[M].北京:中国社会科学出版社,
    2022.

[14]陈来.儒家文化与民族复兴[M].北京:中华书局,2020.

[15]牟钟鉴.中国文化的当下精神[M].北京:中华书局,2016.

[16]钱穆.民族与文化[M].贵阳:贵州人民出版社,2019.

[17]李泽厚.中国近代思想史论[M].北京:人民文学出版社,2020.

[18]任继愈.墨子与墨家[M].北京:北京出版社,2016.

[19]加润国.中国儒家[M].北京:中国人民大学出版社,2018.

[20]陈先达.中国百年变革的重大问题[M].北京:人民出版社,2019.

[21]王卡.道家与道教思想简史[M].郑州:中州古籍出版社,2019.

[22]胡适.中国思想史[M].上海:华东师范大学出版社,2015.

[23]南怀瑾.中国道教发展史略[M].上海:复旦大学出版社,2016.

[24]张造群.优秀传统文化的当代价值:中国特色社会主义视角的省察[M].北京:中国社会科学出版社,2015.

[25]张伟英,蒋月锋.中国传统文化的现代性转型探索[M].长春:吉林出版集团股份限公司,2021.

[26]方尔加.道家思想讲演录[M].北京:人民出版社,2020.

[27]任继愈.中国传统文化的光明前景[M].上海:上海教育出版社,2020.

[28]许倬云.万古江河[M].长沙:湖南人民出版社,2017.

[29]梁漱溟.中国文化要义[M].上海:上海人民出版社,2018.

[30]龚鹏程.中国传统文化十五讲[M].北京:北京大学出版社,2006.

[31]钱海.中国传统文化当代价值论[M].贵阳:孔学堂书局,2019.

[32]钱穆.历史与文化论丛[M].贵阳:贵州人民出版社,2019.

[33]汤一介.中国传统文化的特质[M].乐黛云,杨浩编.上海:上海教育出版社,2019.

[34]陈鼓应.道家的人文精神[M].北京:中华书局,2021.

[35]詹石窗,谢清果.中国道家之精神[M].上海:复旦大学出版社,2016.

[36]李亚彬.中国墨家[M].北京:中国人民大学出版社,2019.

[37]费孝通.中国文化的重建[M].上海:华东师范大学出版社,2013.

[38]孙开泰.法家史话[M].北京:社会科学文献出版社,2011.

[39]汤一介.瞩望新轴心时代——在新世纪的哲学思考[M].北京:中央编译出版社,2016.

[40]楼宇烈.中国文化的根本精神[M].北京:中华书局,2016.

[41]张岱年.中国文化与文化争论[M].北京:中国人民大学出版社,1990.

［42］张岱年.正道:中国文化传统［M］.北京:北京大学出版社,2023.

［43］陈来.中华文明的核心价值:国学流变与传统价值观［M］.北京:生活•读书•
　　新知三联书店,2015.

［44］梁启超.梁启超论中国文化史［M］.北京:商务印书馆,2012.

［45］季羡林.传统文化之美［M］.北京:大有书局,2020.

［46］李宗桂,等.中国优秀传统文化的现代价值［M］.北京:人民出版社,2019.

［47］沈壮海.论文化自信［M］.武汉:湖北人民出版社,2019.